U0590286

海洋生态修复法律制度研究

许利娟　著

中国商业出版社

图书在版编目（CIP）数据

海洋生态修复法律制度研究 / 许利娟著. -- 北京 ：
中国商业出版社，2024. 11. -- ISBN 978-7-5208-3269
-4

Ⅰ. D993.5

中国国家版本馆CIP数据核字第2024NZ3948号

责任编辑：王　静

中国商业出版社出版发行

（www.zgsycb.com　100053　北京广安门内报国寺1号）

总编室：010-63180647　编辑室：010-83114579

发行部：010-83120835/8286

新华书店经销

定州启航印刷有限公司印刷

＊

710 毫米 ×1000 毫米　16 开　14 印张　250 千字

2024 年 11 月第 1 版　2024 年 11 月第 1 次印刷

定价：78.00 元

＊　＊　＊　＊

（如有印装质量问题可更换）

　　随着海洋时代的到来，人们无论是开发、利用海洋还是保护海洋，其方式和手段是同向演进的。传统的海洋生态问题包括"给予型"的海洋污染问题和"索取型"的海洋破坏问题，二者都会造成海洋生态功能受损。"防治"海洋生态问题，不能一味强调"防"，还要配合"治"。针对已经受损的海洋生态，人们必须对其进行修复。本书通过分析海洋生态保护现状得出结论，目前进行海洋生态修复具有现实和法律的必要性及充分性。海洋生态修复属于复杂的系统性工程，应当将其纳入法律制度框架之内，以法律制度来保障其有效实施。

　　本书的基础性研究任务是准确界定研究对象。一是界定构成海洋生态修复的各个基本概念的法律含义；二是研究法律制度的内涵及本质属性。在此基础上，逐步论证"海洋生态修复法律制度"这一研究对象的相关理论基础以及制度的具体构成。

　　本书以法学研究的视角界定"海洋生态修复"所涉及的基础概念，如"海洋""海洋生态""生态修复"的法律定义，以期为"法律制度"建设设定明确的对象。本书采用文法解释和逻辑分析等方法研究认为，相对于事先预防性的海洋保护法律制度，海洋生态修复制度属于事后性的制度，是在生态正义、生态文明、生态价值等基本理念指引下的具有独立性、普遍性和完整性的海洋保护法律制度，应当成为海洋生态保护领域的基本法律制度。该制度有丰富的制度内容填充和配套的实施机制、司法实践活动的映射等，具体包括理论依据、制度属性、制度内容、实施机制、具体要求等方面。

海洋生态修复的主体包括义务型主体即国家机关、责任型主体即海洋生态损害责任者和权利型主体即社会第三方机构。国家机关以监督管理者的身份参与海洋生态修复，履行检查、督察、监测等各项职责，以义务承担者的身份参与，主要依据公共信托和受益者修复理论、实际参与实施修复行为以及履行出资义务；海洋生态损害责任者参与的依据是环境法的责任原则以及生态正义的要求；第三方机构参与多是依据修复委托合同，也不乏纯公益行为。

本书提出海洋生态修复目标的设定应当是多元的，而不能拘泥于"恢复原状"。目标设定应当根据实际的海洋生态损害情况，建立科学合理的海洋生态损害评估机制，融入公众参与制定目标。实现修复目标离不开各项保障机制的完善，包括资金、技术、司法等各项保障机制。

本书通过分析海岸带和海岛生态系统修复的具体实践情况，提出一些具有共性的问题。建议强化生态修复规划和计划制度；加强海洋综合管理，强化执法，实施严格的过程管理和监督检查制度；健全生态损害赔偿和生态补偿制度等。针对围填海，应当严控围填海数量和规模，在审批中重视环境影响评价和海域使用论证，重视督察和事后评估。针对海岛修复，可以建立"岛长制"以及融入"岛民"参与制。

因笔者时间、水平有限，书中难免存在不足之处，恳请广大读者批评指正。

许丽娟

绪　论

一、研究背景和问题界定

（一）研究背景和意义

人类生命所依托的地球在浩瀚的太空中呈现出蓝色，这是海洋的颜色。地球是一个水球，水体的 96.53% 是海水。从太空的视角来看，人类是渺小的，海洋才是可以表征地球的存在，海水才是这颗水球的绝对主体。海洋是地球生命起源的地方，也是地面径流的最终归宿，"百川东到海，何时复西归"，泥沙俱下，奚俱归海。在诗人的笔触下，"春江潮水连海平，海上明月共潮生"；在画家的画布上，大海"水何澹澹，山岛竦峙""秋风萧瑟，洪波涌起"；在歌唱家的歌声里"大海就是我故乡，海边出生海里成长"。当然，除了这些广博、壮观、美丽、丰饶的精神意向，海洋还能满足人们的物质需求，如"兴渔盐之利，行舟楫之便"。

21 世纪是海洋世纪，海洋之于国家的地位和作用今非昔比。但是，人们在大力开发利用海洋资源、发展海洋经济的过程中，有时会因追求经济利益最大化，而忽略了海洋公共性、最终性、未来性的特征。海洋生态能够服务于人类的前提是其足够健康、安全。目前，我国海洋生态存在一定的问题：工业发展、工程建设、船舶通行引起的污染物排放超过了海水通过水体交换的自净能力，带来了污染；过度开采、非法捕捞、破坏性的捕捞方式、高密度海水养殖、生物入侵使包括珊瑚等重要渔业资源在内的海洋生态系统遭受破坏。污染和破坏使海洋生态系统出现了结构性及功能性退化，急需采取修复手段。

党的十九大以来，国家越来越重视海洋生态环境保护，积极采取措施开展对海洋生态环境的修复工作。笔者长期关注海洋生态修复实施工作及其成效，观察、分析 2018—2023 年国家公布的海洋环境质量状况数据得出，通过实施生态修复工作，海洋生态环境质量得到改善。自然资源部网站数据显示，2023 年，水质较差的城市受监测的珊瑚礁、河流入海口、沿海滩涂、海洋湿地、海湾等典型海洋生态系统超过 2/3 处于亚健康和不健康状态。入海排污口邻近海域九成无法达到海洋生态保护要求。全国 61 个沿海城市中，6 个城市近岸海域水质一般，17 个城市近岸水质较差。水质较差的城市位于环渤海、长三角和珠三角，是我国经济发达的地区。由此可见，经济越发达的地区对海洋生态环境影响也越大，这也是沿海城市经济发展的外部不经济性的显现。

监测海洋生态系统发现，处于健康、亚健康、不健康状态的分别占 23.8%、71.4%、4.8%，河口生态系统、海湾生态系统、滩涂湿地生态系统则几乎全部呈亚健康状态，主要表现是海水富营养化严重，生物体内重金属和有毒物质残留水平高，海洋生物密度低，生物多样性状况不佳。

虽然近些年的生态修复治理措施显现成效，但我国海洋生态环境质量状况仍不容乐观，现实状况和我国建设海洋大国、海洋强国以及建设碧海银滩的美好海洋生态愿景还有差距。我国必须继续实施海洋生态修复工程，完善各项修复制度建设，实现海洋生态资源支持我国经济、社会高质量发展，实现人与海洋的和谐相处。对海洋生态修复进行法律制度化的研究具有多方位的意义和价值。

1. 体现了我国未来发展的战略选择与定位

我国持续推进实施重大生态修复工程，包括山水林田湖生态保护修复工程以及蓝色海湾整治与修复行动，实行严格的生态环境保护制度，保护生态安全，促进人与自然和谐共生。这表明我国已经十分重视生态修复工作及其法律制度的完善，将生态修复作为救济受损生态环境、解决生态问题的重要手段之一。

我国面临的主要的海洋生态问题包括对海洋生物资源过度利用、工程建设以及气候变化影响海洋物种生存、生物资源可持续利用，海洋生物遗传资源丧失和流失，外来入侵物种危害问题。近岸海域生态系统整体形势不容乐观，红树林面积与 20 世纪 50 年代相比减少了 40%，珊瑚礁覆盖率下降、海草床盖度降低等问题较为突出，自然岸线缩减现象依然普遍，防灾减灾功能退化。① 海洋生态修复工作存在的主要问题是修复体制机制不健全，生态保护和修复标准体系建设、新技术推广、科研成果转化等较为欠缺，社会资本参与生态保护修复的收益和政策预期不稳定，多元化投入机制不健全。

党和国家高度重视生态文明建设，关注海洋生态环境保护工作。党的二十大提出生态建设的目标，到 2035 年，广泛形成绿色生产生活方式，碳排放达峰后稳中有降，生态环境根本好转，美丽中国建设目标基本实现，到 21 世纪中叶，要全面提升生态文明建设水平，全面形成绿色发展方式和生活方式，人与自然和谐共生，生态环境领域国家治理体系和治理能力现代化全面实现，建成美丽中国。以党的二十大报告提出的生态建设目标为指导，《中华人民共和国国民经济和社会发展第十四个五年规划和 2035 年远景目标纲要》提出"打造可持续海洋生态环境"的目标。关于海洋生态修复工作，提出强化国土空间规划和用途管控，划定落实各类海域保护线，以国家重点生态功能区、生态保护红线、国家级自然保护地等为重点，实施重要生态系统保护和修复重大工程，加快推进海岸带等生态屏障建设。巩固退围还滩还海成果，完善生态保护和修复用地用海等政策，完善自然保护地、生态保护红线监管制度，开展生态系统保护成效监测评估，完善市场化、多元化生态

---

① 国家发展和改革委员会. "十四五"规划《纲要》解读文章之 25：提升生态系统质量和稳定性 [EB/OL]. (2021-12-25)[2024-12-20].https://www.ndrc.gov.cn/fggz/fzzlgh/gjfzgh/202112/t20211225_1309713_ext.html.

补偿，鼓励各类社会资本参与生态保护修复。2024年7月，国务院发布《中国的海洋生态环境保护》白皮书，提出了构建人海和谐的海洋生态环境、统筹推进海洋生态环境保护、系统治理海洋生态环境、科学开展海洋生态保护与修复、加强海洋生态环境监督管理、提升海洋绿色低碳发展水平、全方位开展海洋生态环境保护国际合作七项重要任务。其中，关于海洋生态保护与修复工作的具体要求是做到筑牢海洋生态屏障、实施海洋生态修复、严守海洋灾害防线、开展和美海岛创建示范、建设生态海岸带。①

2.践行海洋经济高质量发展的内在要求

沿海经济带作为国家发展新格局的重要增长极，在驱动区域经济跃升的同时，也面临海洋资源集约利用水平不足、近海生态系统韧性减弱等现实挑战。当前，海洋环境承载压力持续增大导致的生物多样性衰减、生态服务功能弱化等问题，既影响人民群众生态福祉，更制约海洋经济可持续发展动能。海洋生态安全是经济安全的重要屏障，生态治理效能直接关系沿海地区现代化建设质量。我国要以《"十四五"海洋生态环境保护规划》为抓手，统筹推进海洋生态保护修复与资源可持续利用。坚持系统观念，强化底线思维，通过构建陆海统筹治理体系、创新蓝色碳汇发展路径、完善生态产品价值实现机制等举措，加快形成绿色低碳的海洋产业体系，为构建新发展格局筑牢生态基底。

3.符合法律的明确要求

一是环境保护基本法的要求。《中华人民共和国环境保护法》提出"综合治理"的原则，生态修复整治工作就是对这项基本原则的贯彻实施。除了"综合治理"这项基本原则，该法第三十条还规定，开发利用自然资源，应当制定有关生态保护和恢复治理方案并予以实施。此条属于强制性规范，要求各主体在开发利用生态资源过程中进行生态恢复治理。

二是海洋环境保护基本法的要求。《中华人民共和国海洋环境保护法》

---

① 国务院.中国的海洋生态环境保护[EB/OL].(2024-07-11)[2024-12-20].https://www.gov.cn/zhengce/202407/content_6962503.htm.

第四十二条第一款明确要求，对遭到破坏的具有重要生态、经济、社会价值的海洋生态系统，应当进行修复。海洋生态修复应当以改善生境、恢复生物多样性和生态系统基本功能为重点，以自然恢复为主、人工修复为辅，并优先修复具有典型性、代表性的海洋生态系统。

4. 丰富和完善生态修复立法的基础理论

本书以对生态环境法学基础理论研究为起点，研究、解读生态正义、生态安全、生态文明等生态环境保护的基本理念，坚持生态优先，以海洋生态环境高水平保护促进海洋经济高质量发展，辩证分析了海洋生态修复的主体制度、保障制度、责任制度、规划制度等基础理论。

5. 为海洋生态修复提供制度保障

海洋生态修复是一项复杂的系统性工程。法律制度研究的目的就是希望通过法律制度的构建，指导海洋生态修复工作，保障工作顺利有效开展。本书通过分析海洋生态修复实践中存在的各种问题，给出解决问题的具体措施和建议。例如，有助于确定海洋生态修复的各类主体及其法律责任，有利于保障修复资金来源，有利于修复目标的设计与规划，有利于开展科学监测与合理评价等。

（二）问题界定

海洋生态修复是维持海洋生态系统结构和功能处于健康、安全状态，维持海洋生态平衡和生态服务功能，支撑人类社会、经济可持续发展的必要手段和最佳路径。

海洋生态修复是基于海洋生态系统健康和安全的要求，依靠海洋生态系统自然修复能力，在社会力量的广泛参与下，采取工程、技术、经济、行政、法律等综合性手段，修复受损的海洋生态系统结构、维持海洋生态服务功能、完善区域生态格局、赔偿或补偿利益相关者因海洋生态损害而遭受的利益损失的系统性工程；是保障海洋生态系统处于安全、健康状态，维持生态平衡，保证海洋生态服务功能发挥作用，不断满足公众对海洋生态文明建设的多元需求的必要方式和最优解。其本质是对"人海"关系的再调适，关注人类生产和生活方式的改变。

研究应当立足于现状。关于海洋生态修复法律制度研究的基本现状，首先，海洋生态修复所涉及的基础概念、定义，在法律研究领域尚未达成共识，存在概念认识不清的问题，概念是研究的起点，必须厘清相关概念，将其置于法律研究领域内进行解读；其次，海洋生态修复是一项庞杂的系统性工程，需要有完善的法律制度保障，虽然《中华人民共和国海洋环境保护法》对海洋生态修复做出了明确规定，但尚未形成完整的、系统性的、基础性的制度。完善的法律制度体系是生态修复工作实施的依据。关于生态修复的主体、生态修复的对象、生态修复的具体内容以及在该活动中各方的权利和义务关系都应该有明确的法律规定。

二、文献综述

（一）关于海洋生态修复法律制度的整体研究情况

周珂教授是国内较早从法学研究视角研究生态修复的学者，其提出了结合我国生态保护实际开展生态修复，进行生态立法、执法、司法重整的观点。[①]王灿发教授提出，生态立法应当适应环境恢复和再生时代的要求。[②]随后关于生态修复的法律研究活动陆续开展，研究的内容包括立法必要性、立法体系设计、基本概念、基本原则、具体领域的制度设计以及比较法领域的研究等。

关于生态修复顶层设计的研究观点分别代表了目前关于生态修复的两种立法设计。第一种，李挚萍认为，无须进行专门的生态修复立法设计，只需要将生态修复作为一种新的生态环境保护的管制工具和受损生态的救济工具进行制度设计，在环保法和单行法中加以规定和完善，用以修复自然生态，以及因自然生态而恶化的社会生态，即修复自然生态的结构功能，以及修复

---

① 周珂.我国生态环境法制建设分析[J].中国人民大学学报，2000（6）：101-108.
② 王灿发.环境恢复与再生时代需要新型的环境立法[J].郑州大学学报（哲学社会科学版），2002（2）：15-16.

人与人之间因利用和保护自然生态而恶化的关系。[①]第二种，方印教授在《我国生态修复法律制度立法若干问题思考》中表示，需要制定专门性的生态修复法律。生态修复法律制度是生态环境保护的基础性和必要性手段，我国目前有关法律规定零散分布于各环境保护单行法、地方性立法或者环境政策当中，并非专门化，不成体系，削弱了这种生态环境保护必要手段作用的发挥。因而有必要进行系统化的立法研究，出台专门性的法律。

关于生态修复，目前国内的研究基于将其作为一种和损害赔偿、恢复原状并列的责任形式，将生态修复作为一种民事诉讼的责任形式，关注除人身权、财产权等赔偿之外，专门对受损环境承担的一种责任形式。吴鹏在其专门论述生态修复的专著《"以自然应对自然"——应对气候变化视野下的生态修复法律制度研究》中提出了"共同但有区别"的生态修复责任，依据生态正义理论，在应对气候变化的问题上，发展中国家应当承担更少的生态修复责任。他还提出了在气候变化背景下构建生态修复法律制度体系的主张。

本书认为，仅站在责任型修复主体的角度，将生态修复当成一种损害生态之后理所应当承担的责任，符合生态公平正义的理念和环境法的责任原则。但是如果扩充生态修复主体的范围至国家主体和社会第三方主体，生态修复的性质就不仅仅是一种责任形式了，于国家来说是一种义务，于第三方主体来说还有一些民事权利的事项，所以该制度不仅仅是违法者承担的一种法律责任形式。本书认为，生态修复制度是一个具有丰富内容填充的、综合性的、整体性的、系统性的规则体系。本书的研究思路就是厘清概念，归位本质，填充内容，保障实施。这一系列任务的完成是建立在充分的理论分析之上的，包括理论基础、基本原则、概念比较，以及结合实践，包括司法实践和实务实践，最终呈现出一个骨架清晰、内容丰富的位于海洋生态环境保护事后救济阶段的综合性制度的全貌。

环境科学和生态工程领域对生态修复制度论述较多，此领域的研究关注生态修复技术层面的创新。

---

① 李挚萍.环境修复法律制度探析[J].法学评论，2013，31（2）：103-109.

海洋生态修复制度研究的专著和文章较少，法律制度研究更少，专门性的论文寥寥无几，目前关注较多的是中国海洋大学田其云教授著述的《我国海洋生态恢复法律制度研究》。这本专著的出版时间是 2011 年，采用系统分析的方法对海洋生态恢复法律制度输入—加工—输出—反馈进行研究。海洋生态恢复法律制度的研究内容主要是海洋生态系统质量评价体系、海洋生态恢复技术引导机制和海洋生态恢复补偿机制。该书将海洋生态系统整体性、系统性作为研究生态体系的基础，立足于海洋生态系统的整体性和系统性，来确定海洋生态修复制度的基础性法律制度的定位，并在此定位基础上讨论海洋生态修复制度和其他制度的区别，这是本书研究开展的基本逻辑。但是，该书缺少生态修复资金来源路径和管理体制的研究，在具体海洋生态系统研究中没有包括海岛生态系统，缺乏法律责任机制研究，修复实践领域的案例较少。

国外学界普遍认为，无论何种原因造成的生态受损，生态系统依靠自身的自然恢复力都是无法恢复的，需要人为的积极的修复措施。推进生态修复这项复杂的工程并且产生实际的修复效果，不能仅仅依靠技术的进步，还需要有法律制度的保障。

美国是较早进行生态修复立法的国家，20 世纪 70 年代开始，先后制定了《资源保护与恢复法》《露天采矿管理与复垦法》《环境应对、赔偿和责任综合法》等一系列有关生态修复的法律，这些立法对其他国家极具借鉴意义。关于海洋生态修复的立法，美国的规定是较为全面的，如《水下土地法》《海岸带管理法》《海洋保护、研究和自然保护区法》。这些法律有专门规定海洋生态修复的，也有关于规制围填海和建立海洋自然保护区等修复手段的规定。美国的《环境应对、赔偿和责任综合法》也可以用于海洋生态修复资金的保障。

目前，我国海洋生态修复法律制度的研究主要存在以下问题。

首先，还没有以生态修复为主要目标的针对性立法，更没有针对海洋生态修复的立法。海洋生态修复相关法律只有《中华人民共和国海洋环境保护法》的规定。笔者并非建议对海洋生态修复进行专门的立法，而是建议在海洋生态保护配套法规中规定具体问题，使海洋生态修复的各项具体内容有机联系，互相衔接，形成一套整体性、系统性的基本制度。

其次，目前的研究对海洋生态修复的性质认识不足，未明确海洋生态修复到底是完整的法律制度，还是海洋违法行为者应当承担的具体的法律责任。本书认为，应建立一套关于海洋生态修复的法律制度，具有完整性和系统性，且处于基本法律制度地位，需要有多项配套保障实施机制，包含丰富的内容。

最后，缺乏生态修复法律制度与其他相关法律制度之间的协调的论证。比如，生态修复制度和生态损害赔偿制度是何种关系？是上位概念和下位概念的关系还是并列的关系？相关的法律研究应该区分这些易给人造成困惑的制度之间的关系。

（二）关于海洋生态修复基本概念的研究

应当对基本概念做抽丝剥茧的分析，以更明晰地呈现本书的研究对象。以下基础概念必须明确："海洋""生态修复""海洋生态修复"。

1. 关于"海洋"的法律概念

邵正强在《某些海洋区域性专用名词的法律性定义问题》中论述了某些海洋区域性专用名词的法律性定义问题，如海岸带、海岸线、滩涂在法律上是如何界定的、范围如何。鉴于当时《联合国海洋法公约》还未生效，且随着近年来我国先后出台了一些有关海洋的法律法规，如《中华人民共和国海域使用管理法》《中华人民共和国海岛保护法》，所以该篇文章中关于海洋一些区域范围的法律定义，具有一定的局限性、滞后性，需要更新，且该篇文章仅仅论述了海岸、海岸线和滩涂的法律定义，没有对海岛、海洋湿地等同样属于海洋的区域做出定义。该篇文章尽管存在这些不足之处，但却是目前能搜索到的唯一的从法律的角度对海洋以及专属于海洋的区域名词给出定义的。

2."生态修复"与"环境修复"的区别

"生态修复"还是"环境修复"？在环境工程类学科中多数学者称其为"环境修复"，在法学领域也有学者称其为"环境修复"，如中山大学李挚萍教授的文章《环境修复法律制度探析》《环境修复的司法裁量》、刘超的《环境修复审视下我国环境法律责任形式之利弊检讨——基于条文解析与判例研读》、许灿英的《环境修复主体制度探析》。李挚萍教授在文中指出："'环境损害'又被称为'生态损害''环境自身损害'。"[①]吴鹏指出，2014年12月最高人民法院颁布的《关于审理环境民事公益诉讼案件适用法律若干问题的解释》虽然开拓了生态修复制度司法化的路径，但在判定环境侵权案件的法律责任适用时，没有将民法上的恢复原状的法律责任与生态修复加以区分，而直接混同运用。[②]他在该文中通过司法案例实证分析得出恢复原状并不等同于生态恢复。司法判定环境侵权案件所承担的法律责任不能简单机械地适用民法上的"恢复原状"，用"环境修复"比较合适。他虽然区分了"恢复"与"修复"以及"恢复原状"与"生态修复"的不同，但是并没有严格区分"生态"与"环境"以及"生态修复"与"环境修复"的不同。

3.关于生态修复的概念

不同学科领域对"生态修复"的解读不同。周启星等认为，生态修复是以生物修复为主要手段，辅之以物理、工程技术、化学等手段，修复受污染的环境。[③]吴鹏认为，生态修复制度包括自然修复也包括社会修复，在治理环境污染、维护生态平衡的同时，一定要注重社会修复，以应对因经济发展不平衡而引发的环境危机，反过来说也要解决因生态保护问题引发的经济发展不平衡，生态保护促发经济转型，由此带来的社会问题。[④]

① 李挚萍.环境修复法律制度探析[J].法学评论,2013,31(2):103-109.
② 吴鹏.最高法院司法解释对生态修复制度的误解与矫正[J].中国地质大学学报(社会科学版),2015,15(4):46-52.
③ 周启星,魏树和,张倩茹.生态修复[M].北京:中国环境科学出版社,2006:1.
④ 吴鹏.论生态修复的基本内涵及其制度完善[J].东北大学学报(社会科学版),2016,18(6):628-632.

上述不同学科领域对生态修复的定义中，自然学科领域强调以自然修复为主，辅之以人为措施。社会科学领域同样强调人为措施的作用，但是赋予了生态修复更丰富的内容和应用，不但包括自然生态修复还包括社会生态修复，不仅修复受损的自然生态，也修复因自然生态而恶化的人与人之间的社会生态关系。无论是自然科学领域还是社会科学领域都认为，生态修复并非简单的恢复自然生态的原状，而是一种对自然生态的修整和完善，保证自然生态的生态服务功能能够支持人类社会可持续发展，并且人类社会生态通过修复也能够实现可持续发展。

4.国外关于生态修复概念的界定

20世纪70年代，国外开始了生态修复的相关立法和研究。关于生态修复的概念，美国自然资源保护委员会认为，生态修复指的是将生态系统修复到其受干扰前的状态。但是，将生态系统修复到受干扰前的状态的定义过于理想化。能否确定受干扰前状态是何种状态？是否最优状态？人们能否控制整个生态修复过程朝着设定的目标毫无偏差地进行？这些问题都存在着不确定性。因此，这样的定义较难实现。之后的相关研究通过深入分析修复目标的合理设定，得出的生态修复的定义也有所矫正。国际恢复生态学会给出具有参考价值的定义：生态修复是维持生态系统健康及更新的过程，属于整合性恢复和管理的过程，是多样且动态的过程。

5.关于海洋生态修复的概念

我国目前无论是环境科学领域、生态学领域还是法学领域，都较少有对海洋生态修复的专门性研究。尤其是法学领域较少有针对海洋生态修复的专门性研究。而针对海洋生态修复概念的界定也仅存在于生态学领域。陈晶等人在《我国海洋污染现状、生态修复技术及展望》一文中提出，海洋生态修复是指以自然修复为主，人工修复措施为辅助，修复受损的海洋生态系统，达到或者接近原来的结构和功能状态。按照人工干预程度不同，可以将海洋生态修复划分为三大类，即依靠自然生态修复、人工促进生态修复及生态重建。国内外近几十年的生态恢复研究主要涉及土壤、矿区、森林等，相较于陆地生态修复，海洋生态修复的研究起步较晚。近年来，随着世界各国越来越重视海洋问题，充分意识到健康、安全的海洋生态支持人类生存和发展的重大作用，也充分注意到了海洋生态恶化带来的各种不利影响，海洋生态修复工作引起了人们的关注，各国逐渐加强了海洋生态修复的各种相关研究，包括法学研究领域的制度建设性研究。

（三）海洋生态修复主体制度研究

严思林从法律关系理论出发，认为生态修复法律关系的产生是基于主体实施了生态损害行为这样的法律事实。生态修复主体就是生态修复活动的参与者，是生态法律关系的形成者，是为了实现生态保护，参与生态修复并在其中享有权利、负有职责的人。[①] 任洪涛等人认为，根据环境法的基本原则（环境责任原则）"谁破坏，谁修复"，生态修复的主体应当包括生态资源开发利用者，生态环境破坏者、污染者，并提出了生态损害赔偿、补偿、修复责任的分配、承担原则和方式。[②]

第三方参与生态修复发展前景广阔，可以为生态修复提供更为专业的服务和技术，甚至在一定程度上会节约修复资金。虽然有第三方参与修复的实践案例，但是并不广泛，因为缺乏成熟的制度保障，该做法并未被大量推广。关于第三方参与生态修复的相关理论研究仍处于探索阶段，缺乏系统性的研究，论文、公开出版的专著较少，法学研究领域的成果更为缺乏。希望第三方修复实践的开展能够促进相关的理论研究。

针对生态修复主体制度的研究目前存在的主要问题是：欠缺主体参与海洋生态修复的理论基础研究；生态修复法律责任不明确，主体责任单一；国家责任过重，多为国家作为修复义务主体的研究，较少国家作为监管主体的责任研究；公众参与度低。

（四）海洋生态修复的目标

生态学上多认为生态修复的目标就是恢复原状，即恢复到生态系统受到

---

① 严思林.我国生态修复主体探析 [D].桂林：广西师范大学，2015.
② 任洪涛，敬冰.我国生态修复法律责任主体研究 [J].理论研究，2016（4）：53-59，70.

干扰前的状态。①法学界李挚萍认为，环境修复目标的确定涉及诸多因素，总的来说，修复生态系统必须解决两个单独的问题：一个是社会问题，解决人们需要什么的问题，即如何确定生态修复目标与发展社会共识；另一个是科学问题，即人们能得到什么，设置一系列生态轨道、结构、功能等来达到相应的生态修复结果。确立生态修复目标当然需要考虑经济、技术可行性，环境的用途，当地环境的目标等。作为一项体现公平、正义的环境法律制度和法律救济措施，生态修复的总体目标应该包括两个方面：其一，修复受到损害的自然生态系统；其二，修复由于自然生态系统受损而导致的人与自然、人与人之间的关系的损害，建立和谐的社会。②

目前关于生态修复目标的设定存在的问题：一是修复的目标模糊，不明确；二是修复的目标单一，过于强调自然生态结构和功能的恢复；三是缺乏目标标准、验收标准；四是修复目标和方案的确定缺乏专业性和规范性指引。

反思上述观点和问题，具体到海洋生态修复目标的设定，应当包括两个方面。一方面，自然修复。充分研究海洋生态系统构成要素的联系，修复生命体系和生命支持体系，使之达到健康、安全状态的各项指标的要求。另一方面，社会修复。修复因海洋开发利用、污染破坏带来的人际关系的损害，该承担赔偿、补偿责任的要承担，该获得赔偿、补偿权益的也应保证及时获得。

（五）海洋生态修复资金保障制度

于文轩认为，生态修复赔偿资金数额的确定应当建立在损害评估之上，环境污染损害评估制度是环境损害救济体系中的重要内容。③生态问题根源于生态开发利益的外部不经济性，必须为生态资源开发利用行为设置合适的经济成本，这种成本体现为从事生态资源开发获取经济利益者以及造成生态

① 艾晓燕，徐广军．基于生态恢复与生态修复及其相关概念的分析 [J].黑龙江水利科技，2010，38（3）：45-46.

② 李挚萍．环境修复法律制度探析 [J].法学评论，2013，31（2）：103-109.

③ 于文轩．美国水污染损害评估法制及其借鉴 [J].中国政法大学学报，2017（1）：117-131.

损害的责任者要承担生态修复资金义务。另外，生态环境的改善属于公共利益的范畴，政府是公共利益的当然代表，也是生态资源开发活动的部分受益者（税收收入），承担修复资金投入义务也理所应当。来自上述主体的资金保障机制可以具体体现为，以开发利用者缴纳生态环境补偿费和生态修复保证金、责任者缴纳生态损害赔偿金、政府财政投入和转移支付、社会捐助、银行贷款等方式建立生态修复基金。研究生态修复资金保障机制的学者主要有李挚萍[①]、柴宁[②]等。

（六）海洋生态修复法律责任及司法实践

刘超认为，环境行政责任和环境刑事责任能部分承载环境修复功能，但是否可以将生态修复责任作为一项专门的、独立性和体系性的法律责任形式值得探讨和研究。我国当前的环境公益诉讼的立法和司法实践确立了将生态损害赔偿作为生态修复的责任形式。这种责任形式与恢复原状责任都存在环境侵权损害认定的程度与范围的限制。生态修复所奉行的基本理念与制度需求应当体现于法律实施的整个过程。[③]人们应当将生态修复的理念和制度需求落实在环境法律责任制度的设计与实施中，换句话说，就是人们有必要将生态修复作为一项专门的法律制度设计，并且该制度要体现生态修复的价值追求和法律制度性需求。

关于生态修复责任的承担者，吴鹏认为，生态修复只能而且应当由国家组织实施，所以，生态修复法律责任应当属于国家责任，不能也不宜由民事主体独立承担。[④]

李挚萍研究了生态修复的司法实践后认为，作为生态损害的法律救济手段，生态修复多出现在两类案件中：一是环境民事公益诉讼案件，二是环境刑事案件，生态修复过程需要公权主体、公共机构的介入。现有的民事立法

---

① 李挚萍.环境修复法律制度探析[J].法学评论，2013，31（2）：103-109.

② 柴宁.我国生态环境修复基金法律制度研究[D].郑州：郑州大学，2017.

③ 刘超.环境修复审视下我国环境法律责任形式之利弊检讨：基于条文解析与判例研读[J].中国地质大学学报（社会科学版），2016，16（2）：1-13.

④ 吴鹏.生态修复法律责任之偏见与新识[J].中国政法大学学报，2017（1）：108-116.

并没有确定生态修复作为民事责任形式，也没有规定生态环境损害必须救
济，导致实践中的环境污染案件，除了公益诉讼之外，私益诉讼并不能主张
被告承担生态修复的法律责任。哪怕是国家机关作为原告，也只能要求损害
者承担生态损害赔偿责任，而非生态修复责任。[①]

（七）海洋生态修复的实践开展情况

海洋生态修复在海洋生态学领域研究中更侧重于技术方面的运用，如海
洋藻类用于污染海水修复技术、红树植物用于污染海水修复技术的运用，底
栖动物多毛类生物修复、微生物生物修复、海藻类生物修复等技术运用于海
洋生态修复的相关研究。[②]

姜欢欢等通过对海水富营养化、海岛、红树林、滨海湾湿地、海洋滩
涂、珊瑚礁修复的研究得出我国海洋生态修复实践领域存在的主要问题是：
过于集中于技术层面的研究；侧重于海洋生态系统结构的修复，功能修复重
视不足；缺乏从整体高度大尺度的修复研究，过于集中在区域范围或者单一
物种；侧重于末端治理，从源头出发的研究较少；海洋生态修复目标不明
确，缺乏评价标准和生态退化机理研究。[③]从世界范围来看，各国的生态修
复及海洋生态修复的侧重点有所不同。Nienhuis 总结了荷兰的海洋生态修复
经验。[④]Chapman 介绍了美国墨西哥湾的海洋生态修复经验。[⑤]

---

① 李挚萍.环境修复的司法裁量[J].中国地质大学学报（社会科学版），2014，14（4）：
20-27，139.

② 杨一，李维尊，张景凯，等.渤海湾天津海域海洋环境污染防治策略探讨[J].海洋环境科学，
2016，35（1）：49-54.

③ 姜欢欢，温国义，周艳荣，等.我国海洋生态修复现状、存在的问题及展望[J].海洋开发
与管理，2013，30（1）：35-38，112.

④ NIENHUIS P H, GULATI R D. Ecological restoration of aquatic semi-aquatic ecosystems
in the Netherlands: an introduction[J].Hydrobiologia, 2002, 478: 1-6.

⑤ CHAPMAN P, REED D. Advances in coastal habitat restoration in the northern Gulf of
Mexico[J].Ecological engineering（The Journal of Ecotechnology），2006, 26（1）: 1-5.

三、研究思路与研究内容

（一）研究思路

本书研究对象为"海洋生态修复法律制度"，研究思路正是在紧紧围绕研究对象，对其分析、解读的基础上得出的。本书将研究对象解构成三个主要的部分："研究""法律制度""海洋生态修复"。第一，"研究"指出了本书的任务，是一个围绕研究对象深入探寻的过程，最终呈现出研究对象的具体内容以及各部分内容之间清晰的逻辑关系。第二，"法律制度"是本书的研究对象。每个社会领域都有其遵循的"制度"，"法律制度"是"制度"的一种。法律部门具有多样性，"法律制度"也是多种多样的。第三，"海洋生态修复"限定了人们研究的具体范围。要深刻理解这个限定范围，这是本书研究活动的实施领域，此领域的法律制度研究要有属于其自身的任务内容和特点，不能超出这个限定范围。因此，理解"海洋生态修复"的含义尤为重要。

综上，本研究遵循两条主要思路：一是揭示"海洋生态修复"的概念，主要任务就是进行基本概念的解读，需要界定什么是海洋、什么是海洋生态、什么是生态修复以及什么是海洋生态修复；二是"法律制度"研究，需要解答法律制度的本质是什么、具有什么样的本质属性以及由哪些内容填充。

（二）研究内容

本书共分为七大部分。

第一章为海洋生态修复概述，属于基本理论研究，围绕海洋生态修复的概念展开。"海洋生态修复"由"海洋""生态""海洋生态""生态修复"几个基础概念构成。第一章的基本任务就是对这几个基础概念从法学研究的角度给予解读和重新界定。

人们能够理解"海洋"的一般含义，海洋学上也有关于海洋的定义，但是海洋的法学界定一直不明确，这会在一定程度上影响海洋立法和海洋管理，造成管理不顺、职责不清、法律理解冲突等问题，也会影响海洋保护执法和法律实施效果。在本书中，海洋的法学界定将会影响研究对象的实施范围。第一章第一节会在"海洋生态修复制度研究"视域下明确我国"海洋"的横向区域范围以及界定"海洋"的法律定义。

要区分"生态保护"与"环境保护"的确切含义，从根本上来说就是区分"生态"与"环境"两个概念的不同之处。目前，海洋环境保护也好，海洋生态保护也好，相关的法学研究成果并不丰富，而从基础概念着手进行研究的更是凤毛麟角。"海洋生态"和"海洋环境"两个概念的界定关系到本书研究的对象，修复行为作用对象的不同关系到生态修复的主体、内容、评价指标等也不同。第一章第二节在法学研究领域界定"环境"和"生态"的基础上，进一步研究"生态系统"和"海洋生态系统"的概念、构成、特征和功能。

"生态修复"容易与"生态恢复"相提并论。在"生态修复"和"生态恢复"二者目标和人为干预措施逐渐趋同的今天，这两个概念仍然存在诸多不同。第一章第三节主要在界定"生态修复"含义的基础上给出"海洋生态修复"的定义。

本书第二章主要研究海洋生态修复的基础及法律制度性需求。海洋生态修复是海洋保护的必要手段，是针对受损海洋生态进行的人为干预。实施海洋生态修复的基础是海洋生态系统的受损现状。第二章在对比分析海洋生态系统应有状态和实际状态的基础上，得出进行海洋生态修复的必要性观点：海洋生态修复是实现海洋生态文明建设"美丽海洋"、发展海洋捕捞业、发展海水养殖业、提高海岸工程投资效益、保障海洋生态安全及人民生命财产安全的现实需求。海洋生态修复不但具有必要性而且具有一定的充分性，具有事在必为、事在可为、事在能为的现实基础。但是，海洋生态修复除了要具备必要性和现实基础，还必须有来自法律制度的保障。第二章最后阐述了海洋生态修复的法律制度性寻求的必要性以及设计该制度应当满足的基本要求，包括应当进行基础性和整体性构建、应当具有更高位阶效力以协调各用海区域利益、应当明确主体及突出义务本位、既要解决自然生态修复又要关照社会生态修复。

本书第三章研究海洋生态修复法律制度构建的理论基础。任何课题研究的开展必须具有理论依据，否则研究就等同于无源之水、无本之木。本书研究基于基本理念的指引和来自生态学及经济学理论的支持。生态修复依据的基本理念有生态正义、海洋生态安全与可持续发展、生态价值、生态文明。生态学及经济学基本理论，一是经济学的外部性原理，包括生态的正外部性和负外部性，海洋生态修复就是将生态外部性内部化的做法。二是正负向演替原理。海洋生态系统具有生态阈值和正负反馈机制作用，人们需要在海洋生态阈值下利用正负反馈机制开展海洋生态修复。

本书第四章主要论述海洋生态修复法律制度的概念、性质与定位。第四章研究的目标是将海洋生态修复进行法律领域的制度性构建，成为海洋生态保护的一项基础性制度。第四章明确法律制度的概念、内涵和法律制度的产生过程，海洋生态修复法律制度是符合法律制度基础理论要求的。人们应当研究海洋生态修复法律制度的性质，也就是其内涵性的要求，对其进行定位。第四章研究认为，海洋生态修复法律制度具有整体性、系统性和义务性要求，应当定位为海洋生态保护的一项基本制度。法律制度的构建、实施应当遵循一定的基本原则，海洋生态修复法律制度的基本原则有陆海统筹原则，自然修复为主原则，科技引领、生态优先原则，公众参与原则。第四章最后研究海洋生态修复基本原则需要具备的内涵要求，以及基本原则应当如何指导海洋生态修复工作。

本书第五章主要阐述海洋生态修复的主体及其权利和义务。人们固然要十分重视海洋生态的自我修复能力，但是在人类活动对其改变已经超出海洋生态自我修复能力的情况下，海洋生态修复实践活动应当更加注重发挥人的主观能动性。目前的法律法规并没有明确规定哪些人是生态修复的参与者。本书通过探寻基本理论依据、查找法律规定表达、结合修复实践找出海洋生态活动的参与者。这是海洋生态修复制度的一个基本内容。

确定海洋生态修复主体制度依据的基本理论有生态公平理论和生态经济学理论。海洋生态修复过程复杂，涉及利益主体较多，不同法律视角下主体的类型和海洋生态修复责任性质也不同。考虑生态修复的公平、成本和效益等方面，第五章研究认为，生态修复以两种姿态出现在环境法法律关系的构成当中，一种是作为政府的环境保护职责，另一种是作为环境侵害的生态责任承担方式。① 除此之外，社会组织在一定的民事利益关系中，也可以成为生态修复的主体。

国家机关可以两种身份参与生态修复，一是以监督管理者的身份，二是以修复义务人的身份。国家机关对海洋生态修复的具体监督管理措施有制定法规、制定修复规划、加强海洋生态修复监测、开展海洋生态修复的行政监督和督察。国家机关海洋生态修复义务的理论及现实依据有公共信托理论依据、受益者修复、国家修复能力最强的客观现实和来自法律规定方面的依据。另外还可以借鉴其他国家的经验。责任型主体就是造成海洋生态损害的污染者和破坏者。本部分内容要解决责任型主体在参与海洋生态修复时存在的一些问题，如抵触情绪、修复能力有限、赔偿责任不足以救济全部损害，提出弥补的策略有备用金制度、重视资金保障机制的完善、加强教育等。权利型主体就是指国家和责任者之外的第三方，包括可以参与生态修复的公益组织、专门从事海洋生态修复的商业技术组织以及其他参与主体。

本书第六章阐述海洋生态修复的目标及实现目标的保障机制。目前海洋生态修复目标的设定存在以下问题：修复目标设定拘泥于修复原状、欠缺评估机制、欠缺规划分类管理、公众参与度不足。应当以海洋生态损害评估为基础确定修复目标，并对目标进行合理分类，确定合理的修复方案。实现海洋生态修复目标的保障机制有资金保障机制、司法保障机制和科学技术保障机制等。

本书第七章介绍了海洋生态修复的实践。海洋是由海水水体、海洋生物、底土、滩涂、湿地、海岛组成的，谈及海洋生态修复的问题就要论述这些海洋的构成部分（要素）的生态修复问题。目前我国开展较多的是湿地的生态修复，但是相关的研究并非指向海洋湿地，而是内陆湿地。鉴于湿地对于海洋生态的重要作用，本书在此部分重点论述海岸带生态修复，包括海洋

---

① 刘鹏.论生态修复的环境法属性[J].政法学刊，2016，33（2）：114-119.

滩涂、海洋湿地、珊瑚礁等；本部分论述海岛生态修复存在的问题以及进行制度创新的建议。另外，近年来国家层面的生态文明建设规划特别重视生物多样性的保护问题，本书也会重点论述生物多样性的恢复、外来入侵物种的防范等问题。

四、研究方法

（一）实证研究法

海洋生态修复法律制度研究目的是为海洋生态修复实践保驾护航，以制度保障实践工作的顺利有效开展，属于应用性较强的研究。此类研究应当起于实践，归于实践。从实践中发现问题，进行制度设计和完善，最终还是为了保障实践。所以实证性研究是本书的重要研究方法。本书分析了我国海洋生态修复工作开展的具体领域，如海岸带、海岛和生物资源修复，发现实践中存在的可以通过制度完善加以解决的具体问题，提出制度建设的具体建议。

（二）系统分析法

海洋生态的系统性决定了海洋生态修复的系统性，或者决定了海洋生态修复法律制度建设的系统性，进而决定了相关法律制度研究的系统性，这是一环套一环的关系，层层铺开的关系。"海洋生态"决定了"修复"的对象和范围，"海洋生态修复"决定了"法律制度研究"的对象和范围。人们需要系统研究什么是海洋生态、什么是海洋生态修复、什么是法律制度，最终都是为"海洋生态修复法律制度研究"做层层铺垫，研究思路极具逻辑性和系统性。具体来说，本书研究基本概念、法律关系、实践现状、制度现状及完善措施等一系列问题并考虑它们之间的系统联系。

（三）历史分析法

在我国，政策引导和技术支持下的海洋生态修复实践工作已经开展多年，也有法律制度的相关研究。要进行海洋生态修复法律制度的系统性研究与制度构建，必须采用历史的研究方法，梳理已经颁布的政策和法律法规，领悟政策倡导，分析、论证规范性档案的先进性与不足；分析和总结海洋生态修复实践工作的经验和教训，发现问题，解决问题。

（四）文献分析法

参阅国内外大量的专著、期刊、报告、新闻、学位论文等，针对我国海洋生态环境现状、海洋生态保护现状，将国内外现有的海洋生态修复法律制度相关论述集中、分门别类、系统化，是本书的素材。

（五）案例分析法

本书在海洋生态修复司法实践的研究部分选取了几个典型的海洋生态修复实例，结合现有的法律制度进行分析，从而总结出我国目前生态修复法律制度存在的主要问题及经验。

五、创新点与难点

（一）创新点

1. 注重基础概念的法学界定

不进行基础概念的研究犹如"无源之水""无本之木"。本书运用层层深入解析的手法——解读了研究所涉及的基础性概念，为研究设定了明确的对象和范围。本书从法学研究的角度解读基础性概念，给出其法学定义，较具创新性。

2. 研究视角新

目前学界对海洋生态修复的研究多是从自然科学角度出发，研究具体的生态修复的方法和途径，而较少从法律保障的视角来研究海洋生态修复。本书是从法律制度保障的视角来研究海洋生态修复的创新之作。

3. 研究逻辑新

本书论述紧扣论题，可以分为两部分。一部分是将"法律制度"作为研究内核，作为最终落脚点，研究的大方向就是先阐述法律制度的基本理论，后探讨制度构建、填充需要哪些要素。另一部分是研究对象的限定范围。此部分的研究大方向是进行概念解读，什么是"海洋"，什么是"生态"，什么是"生态修复"，什么是"海洋生态修复"，并强调概念解读要在法学研究的框架之内。海洋的法律内涵及内容范围的确定决定了法律的适用范围，也确定了研究对象的范围。

4.研究内容新

目前法学界对生态修复相关的研究多属于针对某一类型的环境要素进行修复的制度研究，缺乏系统性的研究；或者多是以生态修复为视角的生态补偿制度研究；或者虽然有较为系统的生态修复的立法研究，但却是针对土壤修复、湿地修复、退耕还林、退耕还草的森林、草原修复，缺乏针对海洋生态环境要素的修复研究。本书从构建体系化的海洋生态修复法律制度的视角，对我国海洋生态修复法学研究进行尝试和探索，拓宽了环境法生态化的研究领域。

具体来说，本书在研究内容上的创新之处体现在以下方面。

（1）"海洋生态修复"属于本书核心研究对象"法律制度"的限定范围。本书采用抽丝剥茧、层层深入的研究方式逐一界定了该限定范围所涉及的基础概念，主要贡献是给出了它们的法律层面的基本定义。

（2）本书在对基本法理深入分析的基础上，创新性地提出了参与生态修复的主体类型及参与的法学理论基础和经济学基础。将生态修复的主体分为监管、义务型主体，责任型主体和权利型主体。

本书创新性地分析了国家作为修复的义务主体的理论依据、必要性及义务的具体内容，梳理了国家作为监管者参与生态修复的理论依据及其监管的具体职责。通过更为基础和深层次的理论分析较为大胆地提出了目前我国生态修复监管体制存在的问题，并给出了相应的建议。

本书深入分析了海洋生态污染者、破坏者承担修复责任的理论依据，并结合修复实践和司法实践，提出了问题并给出了制度建设的合理建议。

（3）本书将修复海洋自然生态以及修复与海洋利益相关的社会生态作为修复目标，较为新颖。本书提出，生态修复的目标设定应当是多元的，不能仅限于修复原状，应当建立科学合理的海洋生态损害评估机制，并详细分析了海洋生态损害评估的内容和程序。在实现目标的资金保障部分，本书创新性地提出了海洋生态修复资金投入量取决于可量化的海洋生态损害价值的观点，并且确定了海洋生态损害的对象、范围与程度，以及海洋生态损害价值计算的原则、内容和方法。

（4）本书从实践的角度，汇集并分析海洋损害与生态修复方面的案例及法律适用方面的问题，提出对海洋生态修复立法方面的建议。

（二）难点

本书研究的难点主要有：一是如何对海洋生态修复的基础概念从法学层面进行界定；二是如何确定"法律制度"的定义；三是概念辨别，即如何辨别生态修复法律制度和相关制度的关系；四是如何通过对海洋生态修复工程个案的分析，总结出我国海洋生态修复法律制度需要完善的部分；五是如何客观评价我国的实际情况，为我国海洋生态修复立法提出具有可操作性的建议；六是不同区域海洋生态修复实践工作的相关资料缺乏，给开展该区域生态修复研究工作带来困难。

第一章

海洋生态修复概述

第一节　海洋的概念

随着我国法律法规的不断完善，海洋开发、利用、保护相关立法也越来越完善、丰富。这些法律法规中不同程度地提到与海洋相关的概念，如海洋、滩涂、海岸、海洋湿地。这些海洋相关概念有的比较确定，不存在理解上的争议；有的含义比较模糊，不同学科会给出不同的定义，给人们带来理解上的困难。比如，什么叫作海岸带？海洋滩涂和海洋湿地是不是一回事？从学术研究上讲，某一概念存在不同的定义及解释属于正常现象，不同学科出于本学科领域研究的需要，往往会站在本学科的角度对海洋概念进行定义、解释。海洋立法与海洋管理活动中的概念必须有确切的定义和范围，不能似是而非，否则会导致对法律规定的理解和解释不同，影响到执法和法律实施的效果。

目前，海洋立法、海洋管理和法学学术研究领域关于海洋保护的概念有"海洋环境保护""海洋污染防治""海洋生态保护""海洋自然资源保护"等，概念涵盖的内容也是相应课题的研究对象，以此展开的是概念解释、含义界定、法律制度评析、法律制度设计、法律体系设计等。虽然研究内容丰富，但是极少有研究在展开主体论证之前专门界定研究对象或者说研究客体——

"海洋"本身的内涵与外延。

在研究海洋生态修复的诸多问题时，必须进行一个前提性的论证，即研究所围绕的对象"海洋"的区域范围是什么？"海洋生态"的组成成分包括什么？"修复"什么？在多大区域范围内修复？这些问题关系到法律的空间适用范围、国际法与国内法的适用关系以及海洋环境保护的实际效果。

一、海洋学上的"海洋"

从文义解释角度来讲，"海洋"包括"海"与"洋"两部分，中心部分称作洋，边缘部分称作海，彼此沟通组成统一的水体。大洋远离大陆，受来自大陆的污染和破坏较小。海可以分为边缘海、内陆海和地中海。边缘海既是海洋的边缘，由群岛将之与大洋分开，又临近大陆前沿，受大陆影响较大，生态容易受大陆污染和破坏。我国的东海、南海就是太平洋的边缘海。"海"附属于各大洋，分别称为"海""海湾""海峡"。海洋是全球生命支持系统的基本组成部分，也是维系人类持续发展的资源库。

二、法律上的"海洋"

本书是将海洋生态修复置于法律框架范围之内进行的制度性、规范性研究，而非环境科学以及生态学科范围内的科学性、技术性研究。所以，本书界定"海洋"概念也需在法律框架范围内。

（一）"海洋生态修复法律制度研究"视域下我国"海洋"的横向区域范围

我国于1996年正式加入《联合国海洋法公约》，该公约是调整世界海洋事务的法律基础，是我国处理对内对外涉海事务的重要法律依据。该公约规定一国的内海、领海属于国家领土的组成部分，国家对其行使主权，对在内的一切人和物享有专属管辖权。此范围内的"海洋"若有必要进行修复，我国的海洋生态修复法律制度理所当然是可以在此施行的。

基于海洋政治、经济、环保战略，海洋国土的概念可以达到更广的层面，不仅包括内海和领海，还应包括专属经济区和大陆架。所以，该公约扩大了沿海国的管辖海域范围，将领海、毗连区、专属经济区和大陆架均纳入沿海国的管辖范围（如图1-1所示），使沿海国的海洋管理、开发与保护措施获得了用武之地。

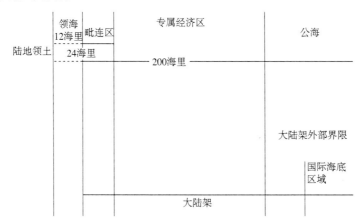

图1-1　《联合国海洋法公约》所规定的不同海洋区域示意图

　　海洋生态修复制度是在我国法律体系框架之内的、属于海洋环境保护诸法律制度之一的、专门研究海洋生态修复行为的规则。我国法律即便是全国性的，其空间效力范围也是国家主权及主权所及的范围，包括陆地、水域及其底土和上空，还包括延伸意义上的领土。所以，海洋生态修复制度的适用范围应当是我国"管辖权"所辖范围之内的海域，而不包括外洋。《中华人民共和国海洋环境保护法》是我国海洋环境保护领域的基本法，该法第二条规定了海洋生态修复制度的适用范围。①根据规定可以得出：①海洋生态修复制度的适用范围是我国主权所辖海域；②对于超出我国管辖范围的海域，

①《中华人民共和国海洋环境保护法》第二条规定："本法适用于中华人民共和国管辖海域。在中华人民共和国管辖海域内从事航行、勘探、开发、生产、旅游、科学研究及其他活动，或者在沿海陆域内从事影响海洋环境活动的任何单位和个人，应当遵守本法。在中华人民共和国管辖海域以外，造成中华人民共和国管辖海域环境污染、生态破坏的，适用本法相关规定。"

依据保护主义原则，只要对我国海域造成污染和破坏的，该法也有权适用。超出我国管辖范围的海域，因为海洋资源开发、利用、建设、船舶航行及作业发生的污染行为，其结果会影响到我国海域。

从《中华人民共和国海洋环境保护法》中关于"法律责任"的内容规定来看，我国法律有权要求污染者停止违法行为、限期改正或者限制生产、停产整治等，并承担罚款，甚至经过和海域所属国或者污染者所属国沟通之后对污染者采取责令停业、关闭的措施，另外，还应当包括请求损害赔偿。但是，对我国管辖海域外的损害行为采取的法律措施中，不应当包括生态修复这项责任。

所以，尽管《中华人民共和国海洋环境保护法》规定了海洋环境保护法的适用范围可能包括我国管辖海域以外的区域，但是，海洋生态修复制度仍然只适用于我国管辖海域之内，包括内水、领海、专属经济区、大陆架，不会超出我国的管辖海域，更不可能适用于"海洋"之"远洋"，即公海。

海洋生态系统的主体部分是海域。海域，就是海水区域，是海洋的主体部分。《联合国海洋法公约》规定了海域包括内水、领海、毗连区、群岛水域、用于国际航行的海峡、专属经济区、大陆架、公海和国际海底区域。并将世界海域分为国际共管海域与国家管辖海域。国家管辖海域包括内海、领海、毗连区、专属经济区和大陆架，具有与陆地国土相同的基本属性。我国根据《联合国海洋法公约》制定并实施了《中华人民共和国领海及毗连区法》和《中华人民共和国专属经济区和大陆架法》，规定我国可管辖海域包括内水、领海、毗连区、专属经济区和大陆架。

根据上述"海"及"洋"的定义可知，本书中的"海洋生态修复"确切地说应当是关于"海"的生态修复。鉴于对事物的一般性理解及语言表达的习惯，本书仍然称之为"海洋生态修复"。但海洋生态修复法律制度研究视域下的修复对象——"海洋"的横向区域范围应当是我国有管辖权的海域。

（二）"海洋生态修复法律制度研究"视域下"海洋"的法律定义

"海洋自身是一个巨大的生态系统，是由海洋中生物群落及其环境相互作用而构成的自然系统，包含许多不同等级的次级生态系统。假如没有人类的作用，没有人类对海洋的损害与破坏，海洋生态系统的生态系会得到很好的自维持。"① 但是因为人类开发利用海洋，对组成海洋的各环境区域施加不良影响，破坏了海洋各次级生态系统的原生状态，海洋便由自在、自然的原生生态系统朝着人类生态系统转变，而这种违背自然规律的转变对人类长远利益来说并非有益。认识到这一点，人们应当制约自己影响海洋的不当行为，对不当开发利用海洋而造成的损害进行修复，使海洋生态系统继续保持良性回圈。

在海洋生态系统内，海洋生命群落和无机环境相互作用。生物种类组成、种群数量、种群分布同具体的地理环境密切联系，构成各自的结构特征。海洋生态系统结构与功能的统一，制约着其生产力、生物产量以及对环境冲击的自我调节控制能力。以"海洋生态"为修复对象，就必须了解"海洋生态"依存的地理环境。因此，海洋生态修复法律制度的适用空间范围不仅包括横向宏观的海洋的宽度和广度，也包括纵向微观的海洋各地域性组成以及海洋成分。人们要知道须修复的海洋次级生态系统存在于哪些区域以及修复哪些海洋成分。

人们通常认为"海洋"就是地球上的巨大水体，而《辞海》给出的海洋的概念包括狭义和广义两种。其中狭义的概念仅将海洋界定为海水水体，广义的海洋是由海水、溶解或悬浮于其中的物质、生活于其中的生物、临近海面上空的大气、围绕其周缘的海岸和海底等组成的统一体。不但包括海水水体，还包括生活在其中的动物、植物、微生物以及围绕海洋周缘的海岸、海洋底土等。《辞海》用列举的方法给出了广义海洋的概念，但并未涵盖海洋所有要素，如此概念并没有明确包括海岛在内。

海岛同样属于海洋不可或缺的有机组成部分。首先，从地理学上讲海岛虽然说是陆地，但是又不同于传统的陆地概念，是周边均被海水包围的陆

---

① 马勇.基于人海关系认识的海洋教育论[J].中国海洋社会学研究，2013，1（0）：69-78.

地，在地质构造上同大陆没有任何直接联系。这些在海水高潮时仍然高于海平面的或大或小的陆地部分，正是因周围海洋的存在而成为岛屿，可以说海岛因海洋而生，属于海洋的组成部分。其次，海岛在地质、政治、法律、经济、文化、生态领域均对海洋有重要影响，和海洋的关系密切。

综上所述，海岛应当成为海洋生态修复研究领域内"海洋"的有机组成部分。

《联合国海洋法公约》对海床和底土及其中资源、海洋生物、海洋上空都做了规定，也就意味着应用或肯定了海洋的广义解释概念。联合国环境与发展大会 1992 年通过的《21 世纪议程》，是海洋领域的重要"软法"，是海洋实现可持续发展的基本行动方案。其中第 17 章规定"保护大洋和各种海洋，包括封闭和半封闭海以及沿海区，并保护、合理利用和开发其生物资源"，涵盖了海岸带和海洋综合管理、环境保护及海洋生物资源等方面。《中华人民共和国海洋环境保护法》明确规定了对海洋生物资源和海底的保护问题。与对这些海洋区域、海洋成分的保护和海洋生态修复法律制度配套的行政法规有《中华人民共和国水生野生动物保护实施条例》《中华人民共和国海洋石油勘探开发环境保护管理条例》《中华人民共和国防治海岸工程建设项目污染损害海洋环境管理条例》《铺设海底电缆管道管理规定》等。综合这些海洋保护领域的行政法规来看，"海洋"是包括海底、海岸和海洋生物的。

综上所述，根据国际法、国际惯例和我国的现行法律法规，在确定海洋具体地域成分后，"海洋"的法学定义应当采用广义解释，是指由海洋上空大气、海水、海洋生物、海底、海岛、海岸带组成的统一体。这些组成海洋的成分是海洋生态系统形成的客观条件以及依存的区域范围，也是海洋生态修复法律制度的适用范围。

第二节 海洋生态系统

一、"生态"与"环境"之辨

上述"海洋"概念明晰了海洋生态修复制度适用的地域范围，即空间效力范围。此外本书还必须明确另一个基础性概念——"海洋生态"。因为"海洋生态"是"修复"行为的直接作用对象，也是"修复"的目的指向。在涉及海洋保护的领域，如法学领域，容易和"海洋生态"相提并论、等同混用的是"海洋环境"，很少有研究者从根本上区分"海洋生态保护"与"海洋环境保护"的确切含义及不同之处。目前，与海洋环境保护和海洋生态保护相关的法学研究成果并不丰富，而从基础概念着手进行研究的更是凤毛麟角。本书旨在系统、深入阐述海洋生态修复制度的理论体系与实证价值，立志对该制度所涉及的自然科学基础概念在法学研究领域做出清晰界定。且"海洋生态"和"海洋环境"两个概念的界定关系到制度研究的核心，即"修复的对象"。究竟要"修复"的是"海洋环境"还是"海洋生态"？二者是不是一回事？作用对象不同决定了生态修复的主体、内容、评价指标等也不同。

（一）环境

通常意义上的环境是指围绕人的空间和作用于"人"这一对象的所有外界影响与力量的总和。[①] 如果环境的中心事物不特指以人类为中心，则一般意义上的环境是指直接或间接影响某一特定生物或生物群落的外部空间和外部条件的总和。由上述环境定义可知，环境是一个相对的概念，总是参照中心事物而言，中心事物的周围即环境。中心事物可以是全体生物，也可以仅指人类。比如，《中华人民共和国环境保护法》第二条规定："本法所称环境，

---

① 周珂.环境法学研究[M].北京：中国人民大学出版社，2008：2.

是指影响人类生存和发展的各种天然的和经过人工改造的自然因素的总体，包括大气、水、海洋、土地、矿藏、森林、草原、湿地、野生生物、自然遗迹、人文遗迹、自然保护区、风景名胜区、城市和乡村等。"法学中环境的概念是用列举的方式呈现的，且是以人类为中心的；同样，环境科学中的环境也是以人类为中心的外部条件的总和；而生态学中的环境则是以全体生物（包括人类）为中心的，是指生物生存的外部条件的总和。

（二）生态

"生态"的"生"，抽象来说是指所有生命、生物，具体来说就是指动物（包括人类）、植物、微生物；"态"的意思就是"形态""状态"。生态通俗来讲就是指生物的生活状态，也包括生命现象与其环境的关系。所以生物学上"生态"的意义就是指生命体与其环境的互动关系。[①] 这样的解释揭示了生态的实质。《现代汉语词典》解释，生态是生物在一定的自然环境下生存和发展的状态，也指生物的生理特性和生活习性。这种解释更为直观。

以上对"生态"概念的阐述各不相同，但都包含了两个必备要素：生命和无机环境。最直观的生态的概念可以用一个公式来表示：生态 = 生命 + 无机环境。这个公式也说明，"生态"是由"生命"和"环境"组成的整体模式，任何生命现象都不能离开环境的支持。生命与环境的关系密切，环境质量的好坏决定了生命现象能否生存以及生存质量好坏，进而决定了整个"生态"的存在状态。自然环境才是"生命之舟"。[②]

（三）生态和环境的关系

生态，往往被称为"生态环境"，这是一种称谓习惯的延续，实际上"生态"和"环境"是两个不同的概念，将两个不同的概念放在一起代表其中的一个概念，是没有准确区分"生态"与"环境"的内涵与外延所致。

生态体现的是有机体与其周围环境的相互关系。某种特定的有机物作为中心事物，则它所处的"环境"包括无机环境和生物环境，前者包括水、温

---

① 阮建芳. 生活与生态 [M]. 北京：同心出版社，2013：3.
② 胡安水. 生态价值概论 [M]. 北京：人民出版社，2013：25.

度、阳光，后者包括其他有机生物。在生态中，不但有机体与非生物环境相互作用，有机体之间相互作用，同种生物之间和异种生物之间也相互作用。前者如种内竞争，后者如种间竞争、捕食、寄生或互利共生。[①]环境是围绕中心事物的外部条件和空间。界定环境的概念必须明确中心事物才能更准确，抛开中心事物谈环境犹如无的放矢。如果以生物整体为中心事物，环境就仅指围绕生物整体的无机环境；如果以某种生物为中心事物，它的环境就是除了该种生物之外的其他物种和无机环境。比如，以人类为中心事物，环境就是指围绕人类的所有的无机环境加上除人类之外的其他生物。所以，环境的范围到底是什么，取决于中心事物是什么。从经验主义出发，在没有任何明确前提设定的情况下，谈环境的概念时其实是有一个潜在前提的，那就是以人类为中心。属于社会科学研究领域的法学研究的基础是对法律关系宏观与微观探视、解读、构建。在法律关系的构成要素中，人类向来都是作为关系的主体而不是作为客体存在的。所以，在谈环境概念时，必须以人类为中心。在法学研究领域，环境保护的各项法律制度所指向的"环境"概念应当是指以人类为中心的无机环境加上除了人类之外的其他所有生物。从范围上来讲，海洋环境保护就是指保护除了人类之外的海洋无机环境与海洋生物；海洋生态保护就是指保护海洋无机环境与海洋生物，此处的海洋生物也不能包括人类在内。所以，以人类为中心的视角，仅从范围上来讲，海洋环境保护和海洋生态保护是一样的。

但是"生态"与"环境"的区别并不仅仅体现在范围上，还有其他方面。

（1）"生态"与"环境"的侧重点有所不同。"环境"强调客体对主体的影响、主体对客体的适应；而"生态"则表现客体与主体的关系、主体与客体的互动。[②]

（2）衡量"环境"往往用"好""坏"等定性评价，且有一些客观标准来评价"环境"质量，而衡量"生态"则用平衡或协调来进行定性评价，平

---

① 李洪远.环境生态学[M].2版.北京：化学工业出版社，2011：5.
② 杨京平.生态安全的系统分析[M].北京：化学工业出版社，2002：1.

衡与否具有动态性和辩证性，评价标准复杂且具有主观性。

（3）"生态"具有绝对性和整体性。所有生物和无机"环境"构成"生态"，包括人都是"生态"的一部分。"生态"强调生物因素与无机"环境"因素的协同作用，更着眼于"生态"中的生物因素，人们会判断"生态"整体是否平衡，是否健康。"环境"具有相对性和局部性。在定义"环境"时，人们总是会除去中心事物。相对于中心事物，人们着眼于周边"环境"，会判断周边"环境"是否有利于中心事物的健康生存发展。

通过分析可以得出，以人类为中心，"环境"和"生态"的范围其实是一样的，但是二者在理解和表征上仍有诸多不同之处，"环境"是相对的、局部的概念，"生态"是绝对的、整体的概念。

（四）"生态修复"概念优于"环境修复"概念

在人们的观念中，局部平衡和片面安全并不稳妥，全面的、整体的平衡协调才是关注保护的终极目标。作为避免地球生物圈生态功能崩溃的重要挽救手段，无论是"生态恢复"还是"生态修复"活动都是为了达到帮助恢复或者修复原生生态系统的完整性的目标，"生态"一词更能体现出"完整性"这一特征要求。另外，环境健康固然重要，但是环境健康是为了有机体生存发展服务的，人们的关注点始终会回落到生命体上，"生态"一词更能带动人们关注生命的目光。

20世纪中后期，环境问题日益突出，人们越来越认识到，当今的自然生态已经是一个人为因素高度渗透的生态，研究生态无法排除人为因素的作用。这种现实要求将自然生态和人类社会作为一个统一的复杂系统来看待。在生态概念中，人类本来就是生态的一部分，这是生态整体观，是一种唯物主义生态观，这种生态理念反映出人类与生态关系的最高境界，人类本身就是生态的一部分，这样更能体现出人类对生态的重视，更有利于生态的维护，重视生态本身就是对自身利益的关照。但是在法学研究领域，在生态修复制度研究视域下，人们采用"生态"的概念而不采用"环境"的概念是否合适？

法律关系的构成要素包括主体、客体和内容。对于生态修复制度所形成的法律关系来说，修复的主体是人，客体是修复行为，修复行为指向的客观对象到底为"生态"还是"环境"？如果作为主体的人对作为客观存在的"环境"要素采取各种修复措施的话，从逻辑上讲是没有问题的，但是如果采用"生态"一词，且"生态"中包含人类自身，逻辑表达会成为"人修复人类自身"，这样逻辑上是不通的。人既可以作为自然科学意义上的生命体而存在，也可以作为社会科学意义上的社会关系主体而存在，在"修复"的语境下，作为修复对象的"人"应当是广义的理解，其实是指人与人之间形成的社会关系。围绕着对无机环境以及除了人类之外的其他生命体的开发利用，人与人之间会形成生态资源开发利用的关系，这种关系中人的行为失当，会给生态环境带来损害，进而威胁人类自身。人类警醒和反思的结果是对生态采取修复的手段，不但修复受损的无机环境、其他生命体，也修复人与人之间失当的开发利用关系。在修复的语境下，选用"生态"一词通过逻辑解释也是严谨的。

近年来兴起了一门新的学科——生态社会学，这是一门在生态世界观指导下研究人类社会生态化和生态性的学科。该学科将人类生态系统作为研究视域。人类是地球生物的一个种类，是自然生态系统长期演化的产物，人类社会系统是地球自然系统的一个子系统，人类社会系统与其赖以生存的自然生态系统构成一个复杂的复合系统，即"人—社会—自然"复合系统，人类社会系统是生态系统的一部分。依照此学科的理论，生态及生态系统的范围更为宽广，包括了人类社会生态。生态修复不仅包括修复自然环境，也包括修复人类社会的一些构成元素，如海洋生态文化的修复，也可以包括修复人类"生态修复能力"本身的活动。这就大大拓宽了生态修复的范围。生态修复含义比环境修复更为丰富，生态修复的对象不仅包括客观的自然环境，还可以包括社会；而环境修复的对象仅包括客观的环境，针对的是现实的各种环境问题。例如，环境污染恢复原状的法律责任承担，只是针对环境污染的治理，属于针对浅环境现象的救济，用"环境修复"概念更符合责任的实际内容，也更符合该司法解释的立法本意，因为修复活动并不涉及社会修复的问题，所以还算不上是"生态修复"。

生态修复工程不但针对自然生态，也针对社会生态进行修复，属于复杂的体系性活动。这种生态修复本身内涵的复杂性和不确定性，使其并不适合出现在立法中，作为简单的、直接的环境侵权的责任承担方式。"生态修复"的内涵更为丰富，应当放弃搬用宏大的"生态修复"概念适用于简单案例的做法，转而适用更为贴合实践的"环境修复"概念。就海洋生态修复实践来说，目前也有一些典型判例因为责任承担方式的单一，同样属于"环境修复"的层面。

综上所述，在"修复"的语境之下，对于海洋保护事业涉及的较为基础的两个概念"环境"和"生态"，人们必须做出选择。海洋保护事业是体系性的复杂工程，要保护的环境要素不但有无机环境，如海域、海水、空气、底土等，还有海洋生物及其多样性，其实就是海洋生态的整体。对于目前的海洋污染和破坏问题，不是运用浅层次环境治理就能解决的，必须进行全面的治理修复。鉴于与保护海洋相关的修复活动浩大庞杂，用海洋"生态修复"比用海洋"环境修复"更合适。

二、生态系统

人们常用"生态平衡"来反映生态处于良性状态。"平衡"本身就在表明一种关系状态。生命体系并非孤立存在，总要依存于一定的环境。"平衡"是表面生态系统内部生命体之间、生命体与无机环境之间的关系状态。所谓生态系统就是指，各种生命现象之间以及其与无机环境之间彼此关联、相互作用的关系系统。例如，森林生态系统、海洋生态系统。生态系统包含四个基本成分，即无机环境、生产者（绿色植物）、消费者（动物）、分解者（腐生微生物），生物之间存在食物链或者食物网的相互联系，这是生态系统的基本结构。以生物为核心进行物质回圈和能量流动，这是生态系统的基本功能。结构与功能的统一制约着自然生态系统的生物数量、生产能力、自我调控机制。生态系统的四个基本成分又可以分为两类：一类是生物成分（生命系统），包括生产者、消费者、分解者；另一类是非生物成分，包括生物所依存的无机环境（环境系统）。

依照形成的原因，生态系统可以分为自然生态系统和人工生态系统。依照生境的不同，自然生态系统又可以分为陆地生态系统和水生态系统，水生态系统又可分为海洋生态系统和淡水生态系统。

三、海洋生态系统

（一）海洋生态系统的定义

海洋生态系统的研究起步较晚，大概是 20 世纪 70 年代之后才开始规模化的研究，因此相关文献缺乏权威、准确的海洋生态系统的概念界定。全国科学技术名词审定委员会认为，海洋生态系统是指海洋生物群落与海底区和水层区环境之间不断进行物质交换和能量传递所形成的统一整体。[1] 该概念指出海洋生态系统涵盖的关键要素有两个：海洋生物与海洋环境，而后者在此仅指海底区与水层区环境。学者包特力根白乙在对概念要素进行综合考虑后认为，海洋环境的因素应当更加周延，不能仅限于海底区和水层区。另外，海洋生物和海洋环境的相互作用不仅表现为物质回圈和能量流动，还应包括信息传递。因此，海洋生态系统应当是指海洋生物群落与海洋环境之间进行物质回圈、能量流动和信息传递的自然系统。[2] 海洋生物和海洋环境相互作用形成了海洋生态系统。

首先，确定海洋生态系统的概念中，"海洋环境"的范围不能仅限于海底区和水层区，还应当包括海水、海岛、海岸带、海底、海洋上空的大气。从海岛这个具体的角度来讲，相较大陆，海岛也可以看作海洋中的小规模陆地，同样有自己的海岸带、潮间带，在这些区域也会形成海洋生态系统，因

---

① 全国科学技术名词审定委员会.海洋科技名词 [M].2 版.北京：科学出版社，2007：38.
② 包特力根白乙.辽宁海洋生态系统恶化的经济学阐释 [J].海洋开发与管理，2017，34（10）：60-63.

此本书不再区分海洋环境中的海岸带是属于大陆海岸带还是属于海岛海岸带，而统称为海岸带。其次，确定海洋生态系统概念中海洋生物群落与海洋环境相互作用的具体表现形式不能仅限于能量流动、物质回圈，还应当包括信息的传递。一是能量流动。地球上的能量来自太阳，当太阳能输入生态系统后，能量不断沿着生产者、草食动物、肉食动物逐级流动，且这种流动是单向的、逐级的、不会回圈，只有消耗和变为其他形式的能量。二是物质回圈。生态系统中的物质主要是指生物为维持生命所需的各种营养元素在各营养级之间传递，并联合起来构成物质流。"回圈"一词本身就意味着化学物质可以被多次重复利用。三是信息传递。生态系统中的信息包括物理信息，如蛙鸣、鸟叫、花朵颜色；化学信息，如生物代谢产生的酶、维生素；营养信息，如食物和养分；行为信息，如遇到危险时的伪装或报警。生态系统中生物和非生物环境之间、种群之间、种群内部个体之间都可以传递信息，信息传递也是生态系统的重要功能。[①] 生物与环境相互作用的上述三个方面不能互相交叉和包含，每个方面都不可或缺，见表1-1。

表1-1 海洋生态系统的基本构成

海洋生态系统						
海洋非生物成分（环境系统）				海洋生物成分（生命系统）		
基质和媒介	气候	能量来源	代谢物质	生产者	消费者	分解者
海岸带	光照	太阳能	有机质	绿色植物	食草动物	各种菌类
海水	温度	化学能	无机盐	光合细菌	食肉动物	原生生物
海床	降水	潮汐能	矿质元素	化能细菌	杂食动物	……
底土	大气压	风能	水、二氧化碳	……	腐食动物	
大气	风	核能	……		寄生生物	
……	……	……			……	

① 李振基，陈小麟，郑海雷.生态学[M].4版.北京：科学出版社，2014：25.

综上所述，海洋生态系统的定义应当表述为，海洋生物群落与海水、海岸带、海床、底土、海岛和海洋上空的大气等无机环境之间进行能量流动、物质回圈和信息传递的自然系统。海洋生态系统的具体类型包括河口生态系统、海岸带生态系统、海岛生态系统。海洋生态修复就是围绕着这些具体的海洋生态系统展开的修复活动。

海洋生态修复是对海洋生态系统的修复，包括对海洋生物群落的修复，对海洋环境包括海岛、海岸带、海水、海床、底土、海洋上空的大气的修复。

（二）海洋生态系统的服务功能

生态系统服务功能，是指生态系统所具有的人类赖以生存所必需的自然环境条件与效用。可持续发展的核心就是"要在社会经济发展的同时，维持生态系统的服务功能，维护其生命支持系统的良性回圈"[①]。2005年发表的《千年生态系统评估报告》将生态系统服务功能及其对人类的价值和作用归纳为四个方面：供给服务、调节服务、文化服务和支持服务。海洋生态系统对人类的服务功能同样表现在上述四个方面。

第一，供给服务，即物质供给功能。人类可从海洋生态系统获取丰富多样的资源，主要包括以海洋鱼类为主的食物资源，海洋生物的基因资源，生产加工所需要的原材料，石油、天然气、潮汐、海浪、海流等能源物质，海洋生物中的天然药品，海岸、岛礁等旅游观光资源，海风带来的氧气、雨水等气候资源，港口、海水等海洋运输资源。

第二，调节服务，即生态调节功能。海洋通过其生态因子之间以及与地球生态系统的其他因子之间的相互作用、相互联系、运动变化等过程，影响和改善人类生存的生态环境，主要包括调节气候异常和空气成分，吸收、容纳一定的污染排放物，净化、降解环境污染，缓冲风暴、减轻干旱等自然灾害，维持和促进生态平衡，保护海岸、稳固海滩、沉淀泥沙等。

第三，文化服务，即非物质收益功能。人类从海洋中除了可获取丰厚的物质资源，还能获取众多精神、心理和身体上的收益，主要包括滨海休闲娱

① 戈峰.现代生态学[M].2版.北京：科学出版社，2008：571.

乐，对海洋原生态地形地貌、海洋生物等资源的观光游览，海上游泳、帆船、快艇等健身运动，海洋科学研究和海洋教育，海岛、礁岩、海水、海洋生物等与生俱来的独特美学价值，与海洋有关的节日、民俗、神话等。

第四，支持服务，即维持海洋生态系统的供给、调节和文化功能所需要的基础性功能。此项服务的直接效用就是维持海洋生态系统的自身平衡以及生态系统内正常的能量流动、物质回圈和信息传输，其具体内容主要包括海洋初级生产、海洋营养物质回圈、海洋生物多样性和海洋生境。这是海洋生态系统顺利实现对人类服务功能的前提条件。

（三）海洋生态系统的特征

与陆地生态系统不同，由于海水的快速流动性，海洋生态系统的整体性特点更加鲜明。陆地生态系统以岩石为基础环境，无论是矿产资源还是生物资源基本是固定的，可以界定产权的客体范围及量的多少，产权理论发挥作用。但是海水是流动的，鱼类是游动的，陆地产权理论不适用于海洋资源的保护。所以要依据海洋生态系统结构和功能特点，从海洋生态系统自身的特性出发，遵循海洋生态规律，建立海洋生态法律制度和法律体系。不要割裂讨论生境的修复、生命体的修复，或者某个生态系统的修复，要将其作为一个整体，将生态修复制度定位为整体海洋生态系统的基本制度，遵循相同的原则、管理体制、主体与客体标准，在具体规范方面有所不同。

海洋生态是具有一定的生物组分和物理组分的层次性空间结构，能够为人类提供的生态服务多种多样：提供初级、次级生产资源，提供食品，维持水回圈，调节气候，消解污染物等。海洋提供的生态服务，经过海洋经济系统或海洋社会系统的参与，形成了各种海洋资源，分为海洋生物、矿产、化学、空间和能量资源五种，对人类的生产、生活具有使用价值属性。然而，和所有的生态系统都有其承载能力一样，海洋生态系统也有一定的承载能力。所谓承载能力是指一个承载体对承载物件的支撑能力。作为承载体的海洋生态对于作为承载对象的人类的开发利用海洋活动的支持能力具有限度，可称为"生态阈值"。开发利用活动或外来干扰一旦超越生态阈值，系统的相对稳定性就会动摇，进而表现出系统成分缺损、系统功能失调、能量流动受阻、物质回圈中断、信息传递失效、污染破坏恶化等生态受损状况。[①]

一般来说，自然生态系统具有自我修复能力，包括纳污自净能力和正向演替潜力。[②]海洋生态系统是复杂而开放的大系统，具有动态性、代谢性和自适应性的特征，也就是说海洋生态系统也具有自我修复能力。比如，水体中的无机营养化物质磷（P）、氮（N）通过植物吸收进入食物链成为有机态，而有机态的海洋生物残体、碎屑又经过需氧细菌重新矿化为无机态，使营养元素在有机和无机状态之间转化回圈，从而呈现出海洋的纳污和自净能力，也就是自我修复能力。

但是，完全靠海洋的自身修复能力并不能达到保护海洋资源、维持海洋良性生态功能的效果。因为，在当今时代，以谋求生存空间和自然资源为主要目标的人类用海活动不断加剧，对海洋的依赖程度越来越高。因为有科学技术的加持，人们在开发利用海洋的同时，污染、破坏海洋的能力也超越了有史以来的任何阶段，超越了海洋生态系统自身对污染和破坏的代谢和调节能力，海洋生态系统对人类利用海洋资源谋求可持续发展的支持能力每况愈下。目前，世界上大约60%的人口集中在距离海岸线60千米的地带。[③]我国沿海地区汇集了过半数的人口和经济体量，是我国经济最发达的地区。然而围绕海洋资源利用进行的滩涂围垦、河道侵占、过度倾废、过度捕捞、污染、生境破坏、外来物种入侵、无控制的旅游活动等给海洋环境造成了巨大压力，对海洋生态的持续发展构成了巨大的威胁，且与全球变暖和海洋酸化等全球性气候变化的耦合影响也越来越明显，导致海水养殖产业退化，海洋生态系统破坏，甚至海底荒漠化的出现。尤其是在海洋富营养化背景下，高

---

① 包特力根白乙.辽宁海洋生态系统恶化的经济学阐释[J].海洋开发与管理，2017，34（10）：60-63.

② 石洪华，丁德文，霍元子，等.基于海陆统筹的我国海洋生态文明建设战略研究：理论基础及典型案例应用[M].北京：海洋出版社，2017：19.

③ 石洪华，丁德文，霍元子，等.基于海陆统筹的我国海洋生态文明建设战略研究：理论基础及典型案例应用[M].北京：海洋出版社，2017：19.

浓度的氮、磷营养输入导致的赤潮、绿潮、金潮和养殖动物病害频发以及底栖藻场退化等已经成为近海生态系统受损的显著特征。

在此种情况下，对受损的海洋生态系统开展生态修复的重要性逐渐显现，海洋生态修复也成为包括我国在内的一些国家所采取的应对海洋污染与破坏问题的必要手段。

第三节　海洋生态修复

海洋生态系统持续、正常地为人类提供各种服务的前提条件是海洋生态系统始终处于健康、安全的状态。

"健康"一词原指人体没有生理上的缺陷和疾病，各器官组织具备应有的机能、活力和效率，机体系统能够正常运转并发挥其整体功能。生态系统健康，是指系统内各生态要素和有机组织保存完整，在为人类提供生态服务的同时还能维持系统的稳定性和可持续性及动态平衡，对外来干扰具备自净能力、弹性恢复力。

生态安全又称环境安全、绿色安全，其直接含义是，生态环境没有遭受重大的破坏、污染，也没有面临此种危险和威胁。海洋生态系统安全具有两层含义，既指海洋生态系统处于未遭受重大破坏、污染的现实及危险或威胁的状态，也指生态系统始终处于对人类没有危害和威胁的状态，能够正常为人类提供各项服务。与海洋生态系统健康相比，海洋生态系统安全更关注系统受到的外部影响和作用，以及对人类的影响和作用。海洋生态系统能够始终维持自身的健康和安全，这自然是对人类最有利的理想状态。

然而，出于人类活动或自然本身的原因，海洋生态系统难以避免会出现健康受到损害甚至不安全的现象。因此，为了保障海洋生态系统的服务功能持续、正常发挥，人类对海洋生态系统进行适当修复是完全必要的。

海洋生态修复属于生态修复的具体开展领域，在界定"海洋生态修复"的概念之前，应当先阐释"生态修复"的基本内涵。

一、生态修复

如果生态环境遭受严重污染和破坏，生态环境、自然资源对经济发展的支持是否具有可持续性？这取决于人们所采取的经济发展和环境保护的策略。对已然遭受破坏的生态环境进行生态修复是保证其支持人类可持续发展的智慧策略。

（一）"生态修复"与"生态恢复"之辩

目前，环境恢复学、生态修复学已经成为环境科学和环境工程领域的重要学科，在党和国家的经济发展和环境保护文件中也经常出现生态修复、环境恢复的概念。在进行概念明晰之前，人们将"生态恢复"和"生态修复"两个概念一并提出，在对生态环境进行整治、修补、完善使其回归到健康良性状态的语境之下，"环境恢复""生态恢复""生态修复"三个词出现的频率是差不多的。关于"环境"和"生态"概念，上文用大量篇幅阐述并得出结论：选用"生态"概念而不用"环境"概念。接下来须明确的问题：是"海洋生态修复"还是"海洋生态恢复"？这个问题其实也就简化成了"修复"与"恢复"关系之辩。

1. "生态修复"与"生态恢复"概念的混用

20 世纪 80 年代，生态工程技术广泛应用于生态环境维护的结果是在进行概念描述时有时用"生态恢复"有时用"生态修复"，概念引用不统一。[①]在生态学、环境生态学、环境科学等学科较多使用"恢复"一词[②]，而在和生态保护有关的政策、法规文件中则较多出现了"修复"一词。比如，党的十八大报告提出"坚持节约优先、保护优先、自然恢复为主的方针，要实施重大生态修复工程"；党的十八届五中全会公报指出"坚持保护优先、自

---

① 朱丽.关于生态恢复与生态修复的几点思考 [J].阴山学刊（自然科学版），2007（1）：71-73.

② 党小虎.黄土丘陵区生态恢复的生态经济过程及效应评价 [M].北京：中国环境科学出版社，2012：5.

然恢复为主，实施山水林田湖生态保护和修复工程"；党的十九大报告提出的环保工作重点之一是"加大生态系统保护力度，实施重要生态系统保护和修复重大工程"；党的二十大报告在生态系统保护和修复方面要求"提升生态系统多样性、稳定性、持续性，加快实施重要生态系统保护和修复重大工程，实施生物多样性保护重大工程，推行草原森林河流湖泊湿地休养生息，实施好长江十年禁渔，健全耕地休耕轮作制度，防治外来物种侵害"；中共中央、国务院《乡村振兴战略规划（2018—2022年）》设置"加强乡村生态保护与修复"专章，并提出要"实施重要生态系统保护和修复重大工程"。

在事关生态保护方面，以上党和国家的权威性政策当中均提到了"生态修复"，同时提到了"恢复"一词，如"恢复湿地""恢复生物多样性受损害的区域""生态优先，自然恢复"等。值得注意的是，作为环境保护基本法的《中华人民共和国环境保护法》在修订之后创设性地规定了生态修复制度，但是在文字表述时用的是"恢复"而不是"修复"。该法第三十条第一款规定："开发利用自然资源，应当合理开发，保护生物多样性，保障生态安全，依法制定有关生态保护和恢复治理方案并予以实施。"

以上党和国家权威性的政策和法律中关于"恢复"和"修复"的提法，具有严谨的概念区分的逻辑性、科学性依据。

2."生态修复"与"生态恢复"概念的趋同

目前，"生态恢复"和"生态修复"概念在使用上较为混乱。有的学者不太严格区分二者的差别，概念使用上比较随意；有的学者主张废弃生态恢复，改成生态修复；有的学者认为可以同时使用，但是偏重于使用生态修复。[①]本书认为，无论概念的名称是什么，都有其学科领域内的合理性解释。根据马克思主义世界观，任何事物都是不断联系、不断发展的，概念界定也是如此。确定了一个概念的名称，并非此概念的内涵与外延就一成不变了，随着经济技术的发展，生态修复或者说生态恢复的指导思想、运用的技术也

---

① 艾晓燕，徐广军.基于生态恢复与生态修复及其相关概念的分析 [J].黑龙江水利科技，2010，38（3）：45-46.

是不断发展变化的，概念本身也有一个不断深化的过程。所以，也许在同一领域、同一学科、同一概念设定前提之下，"生态恢复"和"生态修复"两种叫法的内涵和外延实质上是一样的。二者存在如下的趋同。

（1）二者目标达成的趋同。最初人们理解生态恢复的目标就是恢复到生态未受损害之前的完美状态，是完全意义上的恢复；而生态修复的目标强调人为手段的加入。但是鉴于生态系统的原始状态可能很难确定，或者生态退化可能较为严重，生态修复过程可能较为复杂，出于经济上和技术上的考虑，修复的结果并不一定是完全恢复到原始状态，也许只是部分恢复，也许是对原始生态系统的结构和功能进行了改善。随着恢复生态学的发展，生态恢复的目标已不再强调完全意义上的恢复，而是将目标设定为，通过调查、模拟相似生态系统、理论分析、技术实践，使生态系统恢复到健康、可持续的状态，这也是比较合理和实际的目标。在生态文明建设要求之下，人们应该关注修复之后的生态功能是否能促进社会效益和价值的增加，是否能满足生态文明建设的要求。在这一点上，生态恢复和生态修复二者之间没有不同。

（2）二者人为干预措施的趋同。早期的生态恢复概念强调生态系统功能恢复的自然性、自动性、自主性，不添加人工干预措施；生态修复是对受损生态系统的修整、治理，有人工措施的加入。这是两个概念区别的关键一点。但是在生态恢复实践领域，事实并非如此。稳态下的生态抵抗干扰的自我调节能力具有限度，此限度被称为生态阈值，当干扰严重并超过其生态阈值时，生态系统将发生质变、崩溃，从而走向逆序演替，甚至不可逆演替。[①]比如，对于开采过的矿山，无论怎么让其自主、自然恢复都不可能回到原来的地下矿藏资源丰富、地面芳草萋萋的状态。又如，浅海地区围填海之后，单纯靠自我恢复的海洋生态是无论如何也不可能恢复到原来的"鹰击长空，鱼翔浅底"的自然状态的。所以，恢复实践中同样需要加入人为的干预措

① 王治国.关于生态修复若干概念与问题的讨论[J].中国水土保持，2003（10）：4-5，39.

施。对于是否需要添加人工措施，"恢复"和"修复"只存在字面上的不同，实际操作中并没有不同。

3. "生态修复"与"生态恢复"概念的区别

本书选用了"修复"，而非"恢复"一词，毕竟二者还是存在很多不同之处的。

首先，二者的词义不同。《辞海》对二词的基本意思做了如下解释："修"是"修理、整治"；"复"指"恢复"；"恢复"是"恢复原状"之意，如恢复健康。从本义考虑，"恢复"一词更侧重结果方面的判断，指恢复到特定的、固有的、历史上的生态系统①；"修复"一词更着力于过程方面的审视，指通过修理、整治的过程使事物恢复到某种特定状态。上文提到的党和国家权威性政策、相关文件中的文字表述可以为本观点提供佐证：含有结果导向性语义的，一般用"恢复"，如"恢复湿地""恢复生物多样性受损害的区域"；过程导向性表述，一般用"修复"，如"实施山水林田湖生态保护和修复工程""开展修复示范项目"。本书更强调过程，修复过程中的各主体权利和义务关系以及法律责任的承担问题是本书研究的重点。

其次，虽然上文分析了目前在生态工程等自然学科领域生态恢复和生态修复其实都不强调仅依靠自然之力的恢复，都有人工措施的加入，所以恢复或修复的结果都非恢复到原始状态，而通过人为的治理，生态系统被恢复的结果应是"改善"，更有利于社会经济发展。不过，从汉语字面意义来讲，修复是在恢复基础上的修整，强调对生态环境的进一步改良和对生态环境的全面改善，不仅要恢复生态平衡，还要有利于生态环境与人类社会的和谐发展。②

最后，对于生态系统的恢复、治理、重建、改善等工作来说，生态恢复和生态修复两个概念还存在如下的对比意义。

---

① 朱丽. 关于生态恢复与生态修复的几点思考 [J]. 阴山学刊（自然科学版），2007（1）：71-73.

② 吴鹏. 浅析生态修复的法律定义 [J]. 环境与可持续发展，2011，36（3）：63-66.

（1）词义涵盖范围不同。"恢复"词义应当包括在"修复"之内。恢复是回到当初的状态，以当初的状态为参照，尽力复原，不做更改；修复含有因时因地制宜的客观情况，加入了主观能动性，可能恢复到当初状态，也可能达不到完全复原，只是达到功能上的相当。"修复"比"恢复"范围广，有的事物是可以恢复的，如河道、海岸线的形状，动植物种类；有的是恢复不了的，则用修复的概念，如动植物的具体数量、海岸线生物。

（2）适用的对象不同。生态恢复的对象是受损或退化的自然生态系统，受损的严重程度不同，可以采取的恢复方式和手段也不同。生态修复的对象可以是生态系统，但不仅限于生态系统。方印在《我国生态修复法律制度立法若干问题思考》一文中提到，生态修复是包括环境污染治理与社会治理在内的系统工程，所以其修复对象应当是自然生态系统及社会生态系统。本书赞同从自然环境与社会两方面理解生态修复的内涵。以海洋生态修复为例，修复的对象除了受损的海洋自然生态系统之外，还涉及海洋生态文化，甚至包括对人类修复能力本身的修复，后两者都是属于社会生态系统层面的。

（3）词义、词性不同。既然"恢复"和"修复"两词从语感上来讲一个重结果，另一个重过程，所以在强调过程、注重修复手段和措施的时候选择"修复"一词更为合理。"生态修复"中"生态"的词性首先是名词，指修复的对象是生态；其词性还可以是副词，意思是修复过程中应当运用生态的手段和措施生态地进行修复，简单来说，就是生态修复的过程应具有生态性。

（二）生态修复的一般性内涵

本书选择"生态修复"这一概念作为"海洋生态修复制度"概念的核心要素。

仅从字面意义上看，"生态修复"一词的词性可以是名词也可以是动词。具有名词词性时其含义是指生态所达到的一种理想状态。这种状态并非"恢复原状"，而是按照自然规律被修整、完善后的状态。当为动词词性时，它又是一个偏正结构，核心语素为"修复"，是指对生态采取的一系列"修复"措施。"修复"有丰富的内涵，在此统称为"修复行为"，生态修复就是人们对生态采取的修复行为。综上，生态修复的含义有三种：①用生态性的手段修复；②对生态采取的各种修复行为；③一种修整完善后达到的理想状态。实际上，这三点看似不同，却可以统一在一种表述之中，达到生态修复本质的要求：人们用生态的手段修复生态，使其达到一种完善和修整的理想状态。

生态修复脱胎于"生态恢复"，而后者一直都是自然科学领域的概念，是指主要依靠生态系统自身的调控能力，辅之以人为的调控，恢复被损害的生态系统，使其接近于它受干扰前的自然状况，以及重建该生态系统结构和功能有关的物理、化学和生物学特征。[①]生态恢复的概念更强调以自然力恢复为主，以人工恢复为辅，注重恢复到生态系统未受干扰前的状态。所以，人们对生态修复的内涵理解方向和思维具有惯性和局限性，仍然限制在自然科学领域对自然生态的修复内涵的理解，即运用自然的或人工的工程技术对退化的、受损的自然生态系统进行治理，以恢复到自然、健康的功能状态。

但生态修复的目的是什么呢？是恢复或者改善生态系统的功能吗？那恢复和改善生态系统功能的目的又是什么呢？本书认为，生态修复的目的是生态功能支持的经济、社会的可持续发展，促进社会的整体进步。[②]

我国在一些环境保护领域已经普遍开展的生态修复实践活动实际上也包含自然修复和社会修复两个方面。比如，矿区生态修复既包括因采矿带来的环境污染和生态破坏的修复，也包括对矿业工人失业、经济结构调整、矿区城镇化发展等问题的解决；又如，海洋生态修复不但要修复因为围填海、资源开发、渔业捕捞、海洋建设等引起的海洋生态退化，也要应对禁渔区域渔民失业、海洋生态旅游城市转型的问题。可见我国的生态修复实践是从自然环境的治理与社会的综合治理两个方面开展的。自然生态系统领域的修复

---

① 党晶晶. 黄土丘陵区生态修复的生态－经济－社会协调发展评价 [M]. 北京：科学出版社，2016：3.

② 吴鹏. 论生态修复的基本内涵及其制度完善 [J]. 东北大学学报（社会科学版），2016，18（6）：628-632.

不可避免地要在社会领域引发连锁反应，所以修复因自然生态修复带来的社会问题也是必要的，这样才能实现生态修复的完整价值。综上，生态修复的内涵包括两个方面：一方面是自然生态系统的修复；另一方面是社会生态修复，即修复和自然生态有关的各种社会关系。

自然生态系统修复要利用技术手段恢复或改善受损的生态环境。经济发展的不平衡导致生态修复能力的差距大，生态修复效果的差距也大。经济强、投入多、修复效果好，生态支持经济可持续发展；经济差、投入少、修复效果差，生态恶化最终制约经济可持续发展，马太效应出现。因此，要从根本上维护生态平衡，就需要同时开展自然修复和社会修复。这一过程包括：①通过生态修复资金的投入修补受损的生态系统，为当地的经济可持续发展提供生态资源方面的支持；②通过利益补偿来弥补因生态保护而导致的区域发展不平衡；③帮助经济落后且生态脆弱的地区完成经济社会转型；④以分配正义促进环境公平的实现。这些环节都是为了修复因生态保护而带来的经济发展失衡所采取的社会修复措施。

当然，针对社会修复这个概念而言，还可以从另一个角度理解，即无论是自然生态系统还是社会生态系统的修复，修复手段都可以是"社会"性的，也就是全社会共同参与生态修复，这也体现了《中华人民共和国环境保护法》的公众参与的基本原则。生态修复是一项庞杂的系统性工程，需要投入大量的人力、物力、财力、技术，生态脆弱同时经济欠发达地区难以独自承担这样的投入，生态修复效果可想而知，同时走不出经济发展的困境。因此，生态修复工程需要全社会的广泛参与，一方面为生态修复提供人才、资金、技术保障；另一方面通过政策引导和制度鼓励发展新的生态修复产业形式，培育生态修复市场，培育新的经济增长点，使公众受益于生态修复带来的生态和经济的双重效益。[1]

综上所述，生态修复是指以维护自然生态平衡和社会经济发展平衡为目

---

[1] 吴鹏.论生态修复的基本内涵及其制度完善[J].东北大学学报（社会科学版），2016，18（6）：628-632.

的，以生态系统自然力恢复为主，同时在社会力量广泛参与下，对受损生态系统采取工程、技术、行政、经济、法律和文化等社会综合治理措施，对因生态受损而遭受损失的利益相关者进行生态赔偿或补偿的系统性工程。

（三）生态修复的法律性内涵

在为一项生态保护活动下法律定义之前应当先明确法律定义和一般定义的不同。法律是调整人们行为的规范，通过对人们行为的调整来实现对社会关系的调整，法律调整之下的社会关系称为法律关系。法律通过规定权利、义务的方式来表明法律关系主体应当遵守的行为模式。法律上的权利和义务是国家确认并受到国家强制力保障的。在某种社会关系中，法律最关注的就是权利和义务的表达，这也是构建生态修复法律定义的基础。生态修复法律关系的构成同样包括三个要素。

第一，生态修复的主体。生态修复并非单纯依靠自然之力的恢复，而是一项有人为措施参与的积极改善、治理生态的复杂的系统性工程。那么，谁参与了该项活动？生态系统本身的损害会导致人们的环境享受利益和环境权的损害，也可能会导致某些具体的人身权和财产权的损害，还可能会导致一个地区的公众抽象的生存权和发展权的损害。这些都需要通过生态修复法律救济途径得到赔偿或补偿。这样形成的法律关系较为复杂，生态损害者、生态受损者、生态修复者、修复受益者彼此之间都会形成法律关系，这些人就是生态修复活动的参与者，是主体，包括生态修复的责任主体和受益主体。

第二，生态修复的客体。生态修复是对受损生态进行的行政、经济、文化、技术等社会综合治理措施的系统性工程。具体过程包含三个层次：一是恢复和重建原有的生态环境；二是修整、改善已经被恢复和重建后的生态环境；三是对生态修复效果进行评价的行为。以上行为统称为"修复行为"，是生态修复法律关系的客体。而受损的生态环境则是生态修复行为的指向对象。生态修复的目的是保持生态系统平衡、健康的状态，支持社会经济平衡、协调、可持续发展，满足人们各方面的生态利益，促进社会进步。

第三，生态修复的内容。法律关系的内容是权利和义务。生态修复的内容表现为各方主体为了达到生态修复的目的，在实施各种修复行为过程中各自享有的权利和应当承担的义务。主体不同，权利和义务的内容也不同。如果是私主体，权利往往是因生态损害而获得补偿或赔偿的请求权以及受偿权，义务的内容就是造成生态损害者承担的金钱赔偿责任、补偿责任以及实际参与修复的责任。如果是国家机关等公主体，权利表现为和生态修复相关的行政管理权、监督权、检查权、监测权等，义务表现为监督管理义务、监测义务、信息披露义务等。

综上所述，法律上的生态修复是指为了维护生态系统平衡，支持社会经济平衡持续发展以及满足人们生态利益的需求，由生态修复责任主体对受损生态系统本身予以综合性的人工治理措施，对自然的生态环境本身予以修复，使之恢复至原有的或者与原来相近的结构和功能状态，修复人们和生态环境之间的关系，并且对由于生态损害而导致的人们的生态利益，人身、财产利益，生存、发展利益受损的情况予以赔偿和补偿的行为。

二、海洋生态修复

海洋生态系统能够始终维持其自身的健康和安全，这自然是对人类有利的理想状态。然而由于人类活动或自然本身的原因，海洋生态系统难以避免会出现健康受到损害甚至不安全的现象。因此，为了保障海洋生态系统的服务功能得以持续、正常地发挥，人类对海洋生态系统进行适当修复是完全必要的。

海洋生态修复属于生态修复的一种，是生态修复在海洋领域的具体实践。本书在之前的概念阐述部分用了大量篇幅论证了"海洋""生态""海洋生态""生态修复"等概念，均是在为本书的核心"海洋生态修复"概念做层层铺垫。

海洋生态修复可以定义为，基于海洋生态系统健康和安全的要求，依靠海洋生态系统自然修复能力，在社会力量的广泛参与下，采取工程、技术、经济、行政、法律等综合性手段，修复受损的海洋生态系统结构、维持海洋生态服务功能、完善区域生态格局、赔偿或补偿利益相关者因海洋生态损害而遭受的利益损失的系统性工程。

海洋生态修复包含三个方面。

其一，海洋生态修复的本质是对"人海"关系的再调适，修复的目的是维持海洋生态系统的健康和安全，维持海洋生态服务功能，使海洋持续支持人类社会经济建设，终极目的是实现"人海和谐"。

其二，海洋生态修复不能只着眼于海洋生态系统的客观状况和海洋生态空间，还应关注人类的行为方式。海洋生态问题缘于人们对海洋及其邻近陆域、入海流域不合理的开发利用行为。因此，如果人们的生产、生活空间利用格局和利用方式不改变，受其影响的海洋生态空间的修复就不会达到预期效果。①

其三，海洋生态修复的手段是综合的。海洋生态修复是系统工程，存在自然力修复和人工修复两种修复模式，两种模式应当有主次之分。人工修复手段既包括具体的工程技术措施，也包括行政管理措施、法律救济措施等。

---

① 丰爱平，刘建辉. 海洋生态保护修复的若干思考[J]. 中国土地，2019（2）：30-32.

第二章

海洋生态修复的基础及法律制度性需求

第一节　我国海洋生态系统的现状

一、海洋生态系统的应然状态

海洋生态系统持续、正常地为人类提供各种服务的前提条件是海洋生态系统始终处于健康、安全的状态。

（一）海洋生态系统应当保持健康状态

"健康"一词原指人体各器官组织具备应有的机能、活力和效率，各系统能够正常运转并发挥其整体功能。扩展至生态系统健康，是指生态系统对外来干扰造成的压力具有弹性恢复力，对外来污染造成的影响具有自我净化能力，维持着相对的动态平衡状态；系统内各组成成分完整无缺失，系统保持正常的能量流动、物质回圈和信息传递，系统的整体功能和典型特征仍然维系；在为人类提供服务的同时，仍能维持自身功能性、复杂性、稳定性和可持续性的特征。2005年原国家海洋局（2018年撤销）正式发布了《近岸海洋生态健康评价指南（HY/T 087—2005）》，其中对海洋生态系统健康的定义是，海洋生态系统保持其自然属性，维持生物多样性和关键生态过程稳定，并持续发挥其服务功能的能力。海洋生态系统的健康状况可分为健康、亚健康和不健康三个级别。2006年开始，我国正式发布海洋生态监控区的环境质量公报。

（二）海洋生态系统应当保持安全状态

生态安全又称环境安全、绿色安全，其直接含义是生态环境没有遭受重大的破坏、污染，也没有面临此种危险和威胁。生态安全是国家安全的重要组成部分。1987年，世界环境与发展委员会在《我们共同的未来》中明确提出："安全的定义必须扩展，超出对国家主权的政治和军事威胁，而要包括环境恶化和发展条件遭到的破坏。"海洋生态系统安全是指，海洋生态系统处于未遭受重大破坏、污染，也没有遭受严重破坏、污染危险和威胁的状态。但是基于人类与生态、人类与海洋之间的关系，更宜从广义上解释海洋生态系统安全，即不仅指生态系统自身处于没有危害、不受威胁的状态，而且指生态系统始终处于对人类没有危害和威胁的状态，能够正常地为人类提供各项服务。与海洋生态系统健康相比，海洋生态系统安全更关注系统受到的外部影响和作用，以及对人类的影响和作用。海洋生态系统能够始终维持自身的健康和安全，这自然是对人类有利的理想状态。

可持续发展本质上就是人类在维持生态系统的应有服务功能的基础上，最大化地追求经济利益。而生态保护、生态文明建设就是，人类为了自身的生存和发展，不仅不能牺牲和破坏生态系统的健康与安全，反之应当尽可能地提供保障，必要时施以合理的修复。然而出于人类活动或自然本身的原因，海洋生态系统不可避免会出现健康受到损害甚至不安全的现象。

二、我国海洋生态系统的实然状态

（一）海洋生态系统的总体现状

本书将2018年至2023年官方公布的数据作为分析对象得出结论，我国海域近几年来的整体状况：海水水质从总体"一般"到"稳中趋好"，但是，排污口近端水域污染依然较为严重，典型生态系统健康状况较差，赤潮、绿潮影响有所改善，但次数没有明显减少，重点海岸段侵蚀依然严重。

1.近岸海水水质状况

近些年来，我国以海洋生态环境质量为核心，不断健全陆海统筹、河海联动的海洋生态环境保护的治理体系，深入推进重点海域综合治理攻坚，通过污染治理与海洋生态修复并举的手段，不断推进美丽海湾建设。从官方公布的数据来看，海水水质总体呈现向好的趋势，但是第四类和劣四类水质海域的污染状况依然存在，有的海域甚至有反复的情况，超过一半的大中型海湾全年均出现劣四类海水水质。海水污染情况仍然集中在渤海湾、长江口、珠江口、辽东湾以及江苏、浙江、广东等沿海发达地区的部分近岸海域，见表2-1。

表2-1　2021—2023年全国近岸海域海水水质[①]状况

年份	水质总体情况	劣四类水质海域	主要超标因子
2021	稳中趋好	渤海湾、珠江口、长江口、杭州湾和闽江口	无机氮、活性磷酸盐
2022	稳中趋好	辽东湾、渤海湾、莱州湾、黄海北部、海州湾、长江口、杭州湾、珠江口近岸海域	无机氮、活性磷酸盐
2023	稳中趋好	辽东湾、渤海湾、黄河口、黄海北部、长江口、杭州湾、珠江口	无机氮、活性磷酸盐

资料来源：中华人民共和国生态环境部网站。

海水是海洋生态重要的生命支持系统，水质状况直接决定着生态系统的健康状况。不良的水质状况导致生态系统退化，修复海洋生态系统首要的工作就是改善海水质量状况。近年来近岸各类（除第一类）水质海域面积如图2-1所示。从图中可以看出，通过海洋生态环境保护与修复，受污染海域的面积和程度有所改善。

---

① 依据《海水水质标准（GB3097—1997）》，按照海域的不同使用功能和保护目标，海水水质分为四类。第一类：适用于海洋渔业水域，海上自然保护区和珍稀濒危海洋生物保护区。第二类：适用于水产养殖区、海水浴场，人体直接接触海水的海上运动或娱乐区，以及与人类食用直接有关的工业用水区。第三类：适用于一般工业用水、滨海风景旅游区。第四类：适用于海洋港口水域、海洋开发作业区。

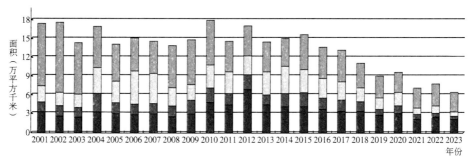

图 2-1　2001—2023 年近岸各类（除第一类）水质海域面积

2.陆源入海排污口水质状况

来自陆地的污染物是造成我国近海海水水质差的主要原因。入海河流的入海断面在枯水期、丰水期、平水期三个时期水质为劣四类的河流数量在全部的 55 条入海河流中，占比分别达 44%、42% 和 36%。2015—2019 年监测结果显示，历年均有排污口邻近海域水质登记为第四类或劣四类，水体中的主要污染物是无机盐和活性磷酸盐。排污口临近海域主要污染要素为粪大肠菌群、镉、汞、锌和砷，个别排污口生物体中铜、铅和石油烃类含量超标。

3.典型海洋生态系统健康状况

从国家发布的 2018—2022 年典型海洋生态系统质量数据来看（见表2-2），实施监测的典型海洋生态系统中，局部海域典型生态系统受损较为严重，部分处于亚健康状态，甚至是不健康状态。其中红树林面积自 20 世纪 50 年代以来减少了 70% 以上，珊瑚礁面积相比 20 世纪 70 年代累计减少了 80%，自然岸线占大陆岸线长度的比例已不足 50%，近岸海域生态保护形势严峻。

表2-2 2018—2022年典型海洋生态系统不同健康状况① 数目

单位：个

年份	监测典型海洋生态系统总数	健康	亚健康	不健康
2018	21	5	15	1
2019	18	3	14	1
2020	24	7	16	1
2021	24	6	18	0
2022	24	7	17	0

资料来源：中华人民共和国生态环境部网站。

4.赤潮等海水异常情况

赤潮是近岸海水受到有机物污染所致。根据暴发的浮游生物的颜色不同，可以形成赤潮、绿潮、褐潮、蓝潮等。总之，这些都是海水富营养化引起浮游生物大爆发的不正常现象。富营养化是我国近岸海域的重要问题，主要是由无机氮和活性磷酸盐引起的，辽东湾、长江入海口、珠江入海口及浙江、江苏、山东海域赤潮较为集中，属于中重度富营养化；上海、杭州湾近岸海域富营养化较严重，来自钱塘江输入和杭州湾陆地输入是重要原因，也不排除畜禽养殖排污、农业施肥的影响。近年来，我国不同海域都有赤潮等异常状况的发生。2016—2023年我国不同海域赤潮等的暴发次数和影响面积如图2-2所示。

① 健康：生态系统保持其自然属性，生物多样性及生态系统结构基本稳定，生态系统主要服务功能正常发挥，环境污染、人为破坏、资源的不合理开发等生态压力在生态系统的承载能力范围内。亚健康：生态系统基本维持其自然属性，生物多样性及生态系统结构发生一定程度变化，但生态系统主要服务功能尚能发挥，环境污染、人为破坏、资源不合理开发等生态压力超出生态系统的承载能力。不健康：生态系统自然属性明显改变，生物多样性及生态系统结构发生较大程度的变化，生态系统主要服务功能退化或丧失，环境污染、人为破坏、资源的不合理开发等生态压力超出生态系统的承载能力。

图 2-2　2016—2023 年我国海域赤潮暴发次数和影响面积

5. 海岸侵蚀

我国海岸侵蚀依然严重，砂质海岸侵蚀严重地区主要分布在辽宁、广东和海南监测岸段，粉砂淤泥质海岸侵蚀严重地区主要分布在江苏监测岸段。近些年，我国大力开展海岸带生态修复工程和人工护岸修建，海岸侵蚀有所缓解，侵蚀面积和岸线长度有所下降，但局部海岸侵蚀仍然较为严重。风暴潮和不合理的围填海等海岸带工程是造成局部海岸侵蚀的主要原因，海平面上升加剧了海岸侵蚀。海岸侵蚀损毁土地、房屋、道路、沿岸工程和旅游设施，给沿海地区的社会经济带来较大损失。

6. 部分海洋生态状况好转的情况

（1）2018 年至 2022 年，海水水质优良（第一、第二类）点位比例从74.6% 升至 81.9%，呈逐渐好转趋势；劣四类点位比例由 2018 年的 15.6% 降至 2022 年的 8.9%，呈波动下降趋势。由此可以判断，我国近岸海域水质污染情况总体有所缓解，这可能得益于我国近年来大江大河的流域修复治理成效，但不排除个别海域水质变差的情况。

（2）大型藻类暴发的次数仍然较多，说明我国近海海域富营养化状况依然存在，但是因为主要污染物化学需氧量、石油类、氨氮、总磷等排放量同比有所下降，所以赤潮的覆盖面积和分布区域近两年有所降低。这种情况说明我国的近海域污染防治技术、法律制度和管理制度在抑制造成海水富营养化物质的排放中发挥了一定的作用。

（3）由于开展海岸整治修复和人工护岸修建，我国砂质海岸侵蚀长度有所减少，但是总体上海岸侵蚀依然较为严重。

综上所述，无论是海洋生态状况依然严峻，还是某些方面生态状况有所好转，生态修复工作都是必须进行的。严峻的海洋生态状况敦促人们尽快开展海洋生态修复工作，扭转海水水质污染的局面，为海洋生物提供洁净的生存环境；恢复受破坏的红树林、珊瑚礁等典型生态系统；增殖海洋渔业资源，增强生物多样性，最终达到恢复海洋生态系统结构与功能的目的。目前某些海洋生态要素的状况有一定程度的好转，显示出人们对海洋采取的治理及修复手段达到了一定的效果，所以应该总结经验，带动海洋生态系统健康状况整体向好转变。

（二）海洋生态系统中生命系统的结构与功能退化

1. 过度捕捞及生境破坏导致海洋生命系统的结构与功能退化

捕捞量超过种群本身的增生能力，会导致资源量不断下降，表现为总渔获量和单位渔获量减少，同时捕捞对象的自然补充量也不断下降，引起资源衰退（甚至最终导致无法形成鱼汛），这就是过度捕捞。多年来，人们一直在向海洋进军，海洋捕捞产量持续增加，但是渔获物的品种结构出现了很大变化，渔获物的营养层级在逐渐降低，生命周期越来越短，经济附加值也越来越低。这样会更进一步促使渔民不得不加大捕捞量，低营养级的渔业资源大量减少，会导致高营养级的大型经济鱼类进一步消亡，人们捕捞不到经济价值高的渔获物，只能加大虾、蟹、杂鱼的捕捞量，形成恶性循环。这破坏了海洋生态系统的营养关系，导致海洋生物群落结构改变，生态平衡不断被破坏，海洋生命系统功能不断退化。

过度捕捞也导致海洋生物多样性日益降低。海洋捕捞会减少海洋中生物量，一些重要经济种类成为或正在成为濒危物种。我国的四大近海渔场，多年以来以盛产带鱼、墨鱼、大黄鱼、小黄鱼而著称。海洋生命系统中价值高、个体大的种类被过度捕捞后，人们的捕捞目标转向其他一些价值较低的物种。当这些价值较低的物种枯竭后，捕捞目标随之转向价值更低的物种。这样会使生命系统的所有物种都被过度利用，造成整个生命系统呈现出系列性退化。最终结果是海洋生物种类不断消失，濒危物种不断增多，尤其是具有独特遗传基因的海洋生物不断消失。海洋结构和功能退化，最终出现海洋荒漠化。

2.外来物种入侵导致海洋生命系统的结构与功能退化

人类的行为或者其他偶然性事件（如自然灾害、疾病流行）都可能有意或者无意地将某些物种从其自然分布地带到当地，导致外来物种入侵本土生态系统，进而导致本地生物多样性的丧失并带来灾难性后果。外来物种即非本地生态系统的生物，会影响海洋生态系统的稳定性，一旦入侵成功，造成的后果往往是海洋生态系统退化。外来物种毁灭性破坏近海生物栖息环境，造成鱼虾贝类生物窒息死亡；与本地物种争夺生存空间、食物，给本地物种带来生存危机；本地物种的遗传基因混杂，造成基因污染；可能带来病原体污染海洋环境等。总之，外来物种入侵会影响海洋生命系统的物种结构，造成生态失衡，功能衰退。

（三）海洋生态系统中生命支持系统的功能退化

海洋生态系统由海洋生命体和无机环境构成，无机环境作为海洋生命支持系统，为海洋生物提供其生存所必需的空间、物质和能量。海洋生命支持系统的状况好坏决定整个海洋生态系统是否处于健康、安全状态，进而深层次影响人类可持续发展。目前，我国海洋生态系统的无机环境状况仍然不容乐观。我国海洋污染主要来自陆源污染，主要陆源污染物有石油、重金属、农药、有机污染物、放射性物质、废热水、固体废弃物以及传染病原体等。这些废弃物通过江河地面径流、雨尘降落、工业和生活污水直接排放等方式进入沿岸海域。不合理的海岸工程建设包括港口码头工程、入海河口水利工程、海涂围垦工程、潮汐发电工程与海洋资源开发利用有关的各种工程等，会引起航道淤积，污染生物的生存环境，破坏海岸带生态系统。在海岸带以外的海域建设的各种工程为海洋工程，目前我国的海洋工程以海洋石油勘探和开发建设工程为主。我国海底石油和天然气资源十分丰富，频密的海洋工程建设会影响海产养殖、海洋渔业捕捞，对航道和航运也会产生不利影响，污染海水。海洋污染的另一途径是海洋倾废行为，通过船舶、航空器、平台或者其他载体向海洋处置废弃物和其他有害物质，也包括海上燃烧。向海洋倾废费用低、简便易行，还不易被发现，但是污染后果也是严重的、直接的。另外，船舶航行、作业以及码头拆船、废船冲滩拆解、水上拆船活动会产生油类、油类混合物、废弃物和其他有毒有害的物质，是海洋污染的一个来源。

海洋对人类社会的作用和价值正逐步向多元化方向发展，战略地位更加重要，海洋事务是国际事务的重要领域，更是国家的重大战略领域。海洋为我国经济的高质量发展提供了广阔的发展空间，我国在向海洋谋求资源的同时必须正视海洋污染与破坏问题，采取必要措施，进行海洋生态修复。海洋生态的稳定与可持续，是我国海洋经济稳定与高质量发展的保障。

第二节　海洋生态修复的必要性

考虑目前我国海洋污染与破坏的状况，单纯依靠海洋自我修复难以达到维持海洋生态系统良性回圈的客观要求，人们必须对海洋进行人为修复。

首先，海洋无法依靠自身修复能力清除污染。海洋无法像内地河流、湖泊那样通过与污染水域外的其他区域水体进行交换来稀释污染，或者直接通过径流将污染带入更大的河流，最终抵达海洋。海洋是所有陆地河流污染的最终接纳场所，尽管海洋是相通的，洋流可以稀释、带走本海域污染物，但也可以带来其他海域的污染物。整体来说，海洋无法通过水体交换实现污染自净。

其次，海洋也无法依靠自身能力修复生态破坏。千百万年来，海洋生态系统均实现着自我维持，除非有严重的自然灾害发生，如陨石坠落、海底地震、海啸、火山灰落入之类的情况，鲜有人类活动能对海洋产生重大影响，所以海洋生态系统可以自我修复与维持。但是进入工业社会，尤其是现代社会，人类的工业捕捞与资源开发的能力变得强大，对海洋生态破坏程度加深，海洋脆弱的生态系统再也无法实现生态的自我修复，必须由人类进行外在修复。保持海洋生态系统结构和功能的稳定，维持海洋生态系统平衡是开发利用海洋的基础，而修复退化的海洋生态系统，保障海洋生态资源能够被可持续利用是海洋经济高质量发展的现实需求。

一、海洋生态修复是实现海洋生态文明建设"美丽海洋"的现实需求

目前，我国正在逐步深入进行海洋发展的顶层设计，基本建立了"国家＋地方""综合＋专项"的涉海规划体系。海洋生态修复是推动海洋生态文明建设和海洋经济高质量发展的必要路径和手段，是国家海洋保护工作的重点实施领域，国家层面一直在致力推动海洋生态修复工作。国务院出台并实施了《国务院关于加强滨海湿地保护严格管控围填海的通知》，国家级和省级的海洋主体功能区划编制出台，近岸海域污染防治方案、南海重点海域生态保护规划发布实施。可以看出我国海洋生态环境保护修复力度加大。2016 年 4 月，推动全面建立海洋生态红线制度，将全国近 30% 的近岸海域和 37% 的大陆岸线纳入生态保护红线管控范围；截至 2018 年年底，全国累计建立了多达 271 处总面积达 12.4 万平方千米的各级海洋保护区。海洋生态修复正在朝着"南红北柳""蓝色海湾""生态岛礁"等建设目标推进。

近几年在国家的大力推进下，海洋生态修复虽然取得了一定的成绩，但是对照海洋生态领域存在的深层次的不足，目前的修复成绩离海洋生态文明建设和"美丽海洋"建设的要求尚存不小的差距，我国的海洋生态修复能力与修复效果仍有以下不足。一是海洋开发利用层次低，海洋经济以传统资源、能源开采产业为主，高科技产业和新兴产业占比不大。二是生态环境约束加剧，尽管近几年我国开始重视滨海湿地的修复工作，但是从总体上看滨海湿地仍在继续减少；海洋垃圾污染问题逐步显现，海洋防灾减灾能力有待

提高。三是陆海统筹发展水平整体较低。陆海统筹是一种战略高度，是发展陆地经济的思维，也是发展海洋经济和海洋保护的思维。要协调陆海空间功能布局、调整产业结构，科学设计基础设施建设，协调区域流域海域环境修复整治与协同防治灾害。目前，在陆海统筹发展思想指导下，这些方面的工作都有待提升。四是海洋生态修复技术创新能力亟待提升。继续推进海洋生态修复工作的开展，是上述目标的客观现实需求，当务之急是完成生态修复的顶层设计，以法律制度为强有力的保障方式推进海洋生态修复工作的稳步开展。

二、海洋生态修复是发展海洋捕捞业的现实需求

海洋渔业资源的潜力是海洋捕捞业发展的基础，渔业资源衰竭势必影响海洋捕捞业，进而影响海洋渔业经济和社会的进步与发展。因此，要想保持海洋渔业经济和海洋捕捞业的稳定发展，就要对退化的海洋生态系统进行有效修复，修复渔业资源的种类和数量，科学地利用渔业资源的优势，让生态和效益并存，这是人们应当遵循的准则。

近年来，人们的物质生活水平大大提高，对海洋鱼类的需求大量增加，沿海地区海洋捕捞业通过增船增网、渔船改造、外海开发、技术革新等措施加大捕捞力度，超过了近海渔场资源的可承受能力，造成我国当前海洋渔业资源的衰退。近海渔场的野生大型鱼类难觅踪影，取而代之的是一些生命周期较短的小型种类，种间更替非常明显，资源质量大大下降。沿岸海区污染加剧和人为的环境破坏，导致基础生产力不稳定甚至大幅度下降，生物多样性水平也在下降（特别是底栖海洋动物急剧减少），渔业环境总体上呈逐渐恶化的趋势。这种海洋渔业活动导致的大型鱼类减少和海洋生物多样性降低的状况，影响到生态系统内的群落结构，生物群落结构的改变影响到生态系统的能流，最终导致生态系统结构和功能的改变，进而破坏海洋生态平衡，导致海洋生态系统退化。而海洋生态系统退化、海洋生物功能衰退反过来也会促使渔业资源再生能力进一步下降。这是我国捕捞业由数量型向质量效益

型转变的最大障碍，已制约了海洋渔业经济的进一步发展。

由于近海鱼类资源衰竭，渔民不得不到远洋捕鱼，增加了捕捞的经济、安全成本。目前过大的捕捞压力和海区鱼类资源数量的减少成了沿海地区海洋捕捞业的主要矛盾。对海洋捕捞业来说，捕捞压力过大，捕捞成本增加，而渔获物却因小型低质化造成渔船亏本经营和渔民收入下降，制约了捕捞业的可持续发展。如何修复退化的海洋生态系统，维持海洋生态系统良性回圈，修复渔业资源，提高渔民收入，促进渔业经济可持续发展已成为发展海洋捕捞业的迫切需求。

没有相应的海洋渔业资源，海洋捕捞、海水养殖、休闲渔业及产品深加工等相关产业发展就会成为无源之水、无本之木。改善海洋渔业资源数量和质量是海洋渔业产业化发展的基础，打好基础至关重要。因此，海洋生态修复不但是海洋捕捞业发展的现实需要，也是整个海洋渔业产业化发展的现实需求。海洋生态恢复的进展关系到沿海海洋渔业结构调整和产业发展的进程。海洋生态修复应当采取有效的增殖方式，改变目前的海洋捕捞作业方式，加快产业结构的调整，与陆地上的退耕还林一样，实现耕海牧渔，并带动休闲、观光渔业的发展，形成新的产业格局。多样化的海洋生态修复手段的实施不但可以修复海洋渔业资源，还能使渔民生存权及可持续发展权得到保障，促进社会关系领域实现公平。

三、海洋生态修复是发展海水养殖业的现实需求

在海洋捕捞业发展越来越艰难的情况下，渔民逐渐将生存的目光转向了海水养殖业。海洋渔业结构逐步调整，传统的以捕捞为主的渔业模式逐渐成为以养殖为主的格局。近年来，我国的海水养殖业同样受到海洋生态系统退化的困扰，海水养殖业本身也在加重海洋生态的退化。高密度的渔业饲养会导致海水富营养化，导致大范围的"赤潮""绿潮""蓝潮"，再加上各种海洋污染，破坏了海洋生态系统的平衡。由于海水污染，有毒、有害物质在鱼、虾体内富集，一是影响鱼、虾质量，达不到出口海产品的质量标准，我

国的海产品在国际市场上没有竞争力，甚至丧失了部分国家和地区的市场准入资格；二是食用有毒、有害物质超标的鱼、虾也会危害人们的身体健康，影响海产品产业信誉，影响整个行业的良性发展。由此可知，海水养殖业依赖海水水质和海洋生态系统的质量。目前，海洋生态系统退化已经成为我国海水养殖业最主要、最突出的制约因素。[①] 修复退化的海洋生态系统是海水养殖业实现可持续发展的迫切需要。

四、海洋生态修复是提高海岸工程投资效益的现实需求

我国秦汉时期已经有了沿海筑堤围田的工程建设。东汉时期，会稽（今绍兴）筑堤 175 千米，围成历史上最早的鉴湖灌溉区。[②] 福建省沿海的莆田是古代围海造田治海文明的代表城市，农业和水利工程融合明显，海堤遗址丰富，木兰陂更是世界灌溉工程遗产。

古代的海洋工程只是海洋开发的一种辅助，而现代的海洋开发则必须依靠或依赖海洋工程，对于海洋生态环境保护具有正负双重作用。实践中，海岸工程对海洋生态系统的物质能量回圈产生了巨大的影响。违背海洋生态规律的人工填海造地、筑坝等工程会阻碍海洋生态系统的信息传递和物质能量回圈，使鱼类失去栖息繁殖之地，使海鸟失去驻足之所，破坏海洋生态平衡，也会在较大程度上降低海岸工程的投资效益。因工程建设而退化的海洋生态系统也会影响到海岸工程的使用效率和使用寿命。例如，某些码头港进行的填海工程会改变海域海水动力条件，纳潮量下降，潮水清淤能力下降，淤泥堆积造成船只进出停靠困难，海岸工程效益下降。

当然，海岸工程和海洋工程建设对海洋生态环境保护也有正面作用。海洋生态保护与治理、修复有时也需要通过海洋工程建设实现局部改善或改造。

因此，海洋和海岸工程建设应当遵循生态规律，减少对海洋生态系统的

---

① 田其云.海洋生态法体系研究 [D].青岛：中国海洋大学，2006.
② 薛鸿超.海岸及近海工程 [M].北京：中国环境科学出版社，2003：30.

负面影响，严控围填海和占用自然岸线的建设项目，加强近岸海域建设项目环境准入管理，在环境影响评价、排污许可、入海排污口设置等方面，落实围填海、自然岸线和生态保护红线管控要求，对于因工程建设造成的海洋生态退化，应当采取措施积极修复。

五、海洋生态修复是保障海洋生态安全及人民生命财产安全的现实需求

（一）海洋生态修复是保障海洋生态安全的需求

如今，人海关系呈现出综合开发利用海洋与保护修复海洋并举的新模式，人们更加重视海洋生态安全对于保障国家总体安全的战略作用。非人力而为的自然灾害，如地震、海啸、台风，不但对人类的生命财产安全造成巨大伤害，也会严重破坏海洋生态。此种自然灾害属于不可抗力，但是人类对海洋的行为能从客观上强化或者弱化自然灾害的影响，如海水富营养化导致的海洋生态系统退化使得赤潮灾害发生越来越频繁。人类对海洋生态系统的破坏会加重自然灾害的危害。以红树林保护为例，海岸带红树林生态系统对防灾减灾效果显著，具有明显的防风、防浪、护岸作用，不仅被誉为"海岸的忠诚卫士"，更被国际环保组织称为"抵御海啸的天然武器"。例如，广西壮族自治区北海市在 1996 年曾遭到 15 号强台风的正面袭击，巨浪冲毁海堤 47.3 千米，经济损失巨大。而合浦山口马鞍岭红树林内侧年久失修的土堤却安然无恙，未见险情，堤内的 90 公顷稻田完好无损。停泊在英罗湾红树林外 200 多米处裸滩上的 40 多艘渔船顷刻间离散翻沉，而停泊在红树林内潮沟中的 350 艘渔船却安然无恙。此外，红树林对维护海洋生态、生物多样性还起到重要的不可替代的作用。

（二）海洋生态修复是保障人民生命财产安全的需求

人类活动向海洋排放的各种污染物、有毒有机物、重金属以及石油开采泄漏的油类具有有害性、有毒性、难降解、易生物富集的特点。这些污染物不但会降低海产品的质量，也会通过海洋生态系统食物链回圈，在生物体内

层层富集，最终通过人类食用鱼、虾、贝类进入人体，危害人体健康。因此，在海洋开发过程中如何控制污染物入海，防止海洋环境污染，修复退化的海洋生态系统，发挥海洋生态系统生物降解污染物的功能，是保障人类健康的重要内容。而海洋生态修复后收获的优质水产品也将提高城乡人民的健康水平及经济收入。

第三节　海洋生态修复的基础

海洋生态修复是客观现实要求，也是理论与技术综合考虑选择的途径，是人类智慧的体现。

目前严峻的海洋生态质量状况是海洋生态修复的客观要求——势在必为；相关海洋环保政策与法律规定的关注、提及是海洋生态修复的外部推动力——事在能为；海洋生态学基本规律与基本法理是海洋生态修复的理论支撑，科技发展与进步是技术支持——事在可为。

上文已经全面分析了目前污染和破坏使得我国海洋生态系统结构受损，功能降低，仅仅依靠其自身的修复能力难以恢复至应有的健康、安全状态，人为进行海洋生态修复工程到了不得不开展的紧迫关头。客观上，我国目前已经具备了开展此项工作的基础，包括国家政策引导、法律支持、经济技术支撑。

一、党和国家政策对海洋生态修复的关注和引导

党的十八届五中全会公报指出，坚持保护优先、自然恢复为主，实施山水林田湖生态保护和修复工程，开展大规模国土绿化行动，完善天然林保护制度，开展蓝色海湾整治行动。党的十九大报告指出，加快水污染防治，实施流域环境和近岸海域综合治理。过去环境保护工作取得的重大成就包括重大生态保护和修复工程进展顺利，生态环境治理成效显著，环境状况得到改善。党的十九大报告要求，强化湿地保护和恢复。2015 年 4 月 25 日《中

共中央国务院关于加快推进生态文明建设的意见》明确了在生态文明建设中应当坚持"节约优先、保护优先、自然恢复为主"并将其作为基本方针,在生态建设与修复中,以自然恢复为主,以人工治理为辅。针对海洋生态保护提出,坚持点上开发、面上保护,使海洋开发最大限度减少对海域生态环境的影响。加强海洋环境治理、海域海岛综合整治、生态保护修复,有效保护重要、敏感和脆弱的海洋生态系统。实施严格的围填海总量控制制度、自然岸线控制制度,建立陆海统筹、区域联动的海洋生态环境保护修复机制。党的二十大报告关于生态系统的保护和修复,要求提升生态系统多样性、稳定性、持续性,加快实施重要生态系统保护和修复重大工程,实施生物多样性保护重大工程,推行草原森林河流湖泊湿地休养生息,实施好长江十年禁渔,健全耕地休耕轮作制度,防治外来物种侵害。

二、国家"十四五"规划的内容要求

"十四五"规划纲要指出,我国近岸海域生态系统总体形势不容乐观,主要表现为红树林面积减少、珊瑚礁覆盖率下降、海草床盖度降低等问题较为突出,自然岸线缩减,防灾减灾功能退化,影响了海洋生态系统的稳定性和服务性功能,对沿海地区的生态安全和经济发展构成威胁。生态修复方面的主要问题是生态保护和修复体制机制不健全,具体包括经济发展与生态保护存在矛盾、对系统治理认识不足、部门协作与信息共享问题、生态修复技术与标准体系不完善、生态修复投入机制不健全。"十四五"规划纲要提出的生态修复总体目标是,使"生态安全屏障更加牢固",要"加强生态系统的保护和修复,提高生态系统的稳定性和抗干扰能力,构建坚实的生态安全屏障,维护国家生态安全"。具体到海洋生态修复的目标,主要包括以下几点。①海洋环境质量持续稳定改善,减少海洋污染,降低海水富营养化、海洋垃圾等污染问题的发生率,提高海洋水质,保护海洋生态环境,海洋生态保护修复取得实效。②加强海洋生态系统的保护和修复,保护海洋生物多样性,恢复受损的海洋生态系统,如珊瑚礁、海草床、红树林等生态系统。

③美丽海湾建设稳步推进，开展美丽海湾建设，提升海湾的生态环境质量和景观品质，满足公众亲海的需求，增强公众的获得感和幸福感。④海洋生态环境治理能力不断提升，健全陆海统筹的生态环境治理制度体系，加强海洋生态环境监管能力建设，提高海洋环境污染事故应急响应能力，提升海洋生态环境治理体系和治理能力现代化水平。具体可以着重从以下两方面着手。

（一）加快划定生态保护红线

实施生态系统保护与修复方案，选择以水源涵养和生物多样性保护为主导功能的生态保护红线，开展一系列保护与修复示范活动。优化自然保护区布局，以重要河湖、海洋、草原生态系统及水生生物、小种群物种的保护空缺为重点，推进新建一批自然保护区。

（二）强化生态质量及生物多样性提升体系

修复生物多样性受破坏的区域，开展生物多样性保护工作。建立健全相关立法以及生态环境损害评估和赔偿、生态保护补偿等制度。支持各地建立生态保护补偿机制。重点开展生物多样性科学规律与生物安全支撑技术、生态修复技术、生态系统监测评价等关键技术的研究。2018 年 9 月 26 日，中共中央、国务院印发了《乡村振兴战略规划（2018—2022 年）》，该规划提出要"实施重要生态系统保护和修复重大工程"，具体内容包括"加快近岸海域综合治理，实施蓝色海湾整治行动和自然岸线修复。实施生物多样性保护重大工程，提升各类重要保护地保护管理能力"。

三、生态环境保护立法的规定

（一）生态环境保护基本法的规定

《中华人民共和国环境保护法》提出"综合治理"的原则，生态修复整治工作就是对这项基本原则的贯彻实施。除了"综合治理"这项基本原则之外，该法第三十条规定："开发利用自然资源，应当合理开发，保护生物多样性，保障生态安全，依法制定有关生态保护和恢复治理方案并予以实施。"此条属于强制性规范，要求各主体在开发利用生态资源过程中须进行生态修复治理。《中华人民共和国海洋环境保护法》要求，对遭到破坏的具有重要生态、经济、社会价值的海洋生态系统，应当进行修复。海洋生态修复应当以改善生境、恢复生物多样性和生态系统基本功能为重点，以自然恢复为主、人工修复为辅，并优先修复具有典型性、代表性的海洋生态系统。

（二）针对性或专门性法规的规定

除了生态环境保护基本法的明确规定外，国家还出台了一系列专门性法律、法规、规章来指导、保障海洋生态修复具体工作的开展。如原国家海洋局《关于开展海域海岛海岸带整治修复保护工作的若干意见》专门规定了海域、海岛和海岸带整治、修复和保护工作事宜；国务院办公厅印发的《湿地保护修复制度方案》的规定旨在建立系统完整的湿地保护修复制度；原国家海洋局、环境保护部等十部委联合印发的《近岸海域污染防治方案》在陆海统筹原则指导下，针对近岸海域严峻的污染防治形势规定了若干具体的方案；财政部、国土资源部、环境保护部联合印发的《重点生态保护修复治理专项资金管理办法》旨在规范重点生态保护修复治理专项资金管理，提高资金使用效益；原国家海洋局《滨海湿地保护管理办法》专门规定了滨海湿地的修复、保护各项管理制度；中共中央办公厅、国务院办公厅《生态环境损害赔偿制度改革方案》通过明确生态环境损害赔偿范围、责任主体、索赔主体、损害赔偿解决途径等，已逐步建立生态环境损害的修复和赔偿制度，其中生态环境损害赔偿范围包括用于生态环境修复的费用、生态环境修复期间服务功能损失的弥补费用；《最高人民法院关于审理环境民事公益诉讼案件适用法律若干问题的解释》规定，在公益诉讼中，人民法院可以判决被告承担生态修复的法律责任，要么将受损生态修复到损害发生前状态，要么采取替代性修复措施，要么承担修复费用等。

以上有关生态修复的法律、法规、规章内容有涉及具体方案措施的、有规定行政管理的、有规定资金管理和使用的、有规定法律责任的，这些为海洋生态修复工作提供了有力的法律保障，为开展系统的海洋生态修复制度研究提供了立法依据。

四、科技发展与进步提供的技术保障

海洋生态修复也需要科学技术的支持,海洋生态修复技术的发展日益受到重视。海洋生态修复主要通过人工放流增殖、移植盐沼草木、培育藻场、投放鱼礁、培植生物礁等方式来实现,通常根据海域的具体情况,采用多种修复方式,以达到最好的效果。① 如广东省大亚湾海域、浙江省嵊泗海域、江苏省海州湾海域、山东省莱州湾海域、辽宁省大连獐子岛海域等已成为国内海洋生态修复的示范区域。②

(一)海洋生物的人工放流增殖技术较为成熟

自20世纪90年代以来,我国先后在渤海、黄海、东海放养了以中国对虾为代表的近海海洋资源,目前规模化放流和试验放流种类已扩大到日本对虾、三疣梭子蟹、海蜇、虾夷扇贝、魁蚶、海参、鲍鱼、梭鱼、真鲷、黑鲷、牙鲆等十多个品种,对近海海洋生物恢复起到了积极作用。

(二)人工鱼礁技术已经开始大规模试验

2000年,广东省在阳江近海海面放置了两艘百余吨级的水泥拖网渔船,以改善近海渔场环境。2001年,我国首次在珠海东澳岛进行人工鱼礁试验。从2002年起,连云港市政府在海州湾渔场中心区域陆续投放人工鱼礁,修复受损的渔场生态环境,迈出了海洋经济从开发利用向生态修复转变的第一步。从2012年起,连云港市政府又实施了连云港港30万吨级航道生态修复以及连岛、竹岛周边的海岛修复。自2002年海州湾人工鱼礁生态修复方案启动实施开始,到2015年海域生物资源和生态环境均有不同程度的恢复。海州湾海洋生态修复主要采用"投放鱼礁+生态养殖+人工放流"治理模式,人工鱼礁修复改善的海域面积已超过海州湾海域总面积的20%。

---

① 符小明,唐建业,吴卫强,等.海州湾生态修复效果评价[J].大连海洋大学学报,2017,32(1):93-98.

② 陈骁,赵新生,李妍.江苏海州湾海岛与岸线资源修复及整治途径研究[J].海洋开发与管理》,2015,32(12):53-56.

（三）生物修复技术效果明显

海水富营养化是造成我国近岸海水水质下降的重要原因之一，目前针对这个问题采用生物方法，如水生植物修复、微生物修复、有益藻类抑藻、噬藻体、湿地生态工程、水生动物操纵等修复技术，已经在我国许多海域取得了很好的效果。[①]

三种主要修复技术的运用起到了显著的海洋生态修复的效果：①人工增殖放流维持生物多样性，也是对渔业资源直接的补充；②投放鱼礁来改善海底环境，一方面为海洋生物提供更优质的栖息地，另一方面也能有效阻止近海拖网对海底生态环境的破坏；③通过生态养殖水生动物（贝类等）、植物（大型藻类等）的方式调节海洋水质，不但降低了海水富营养化物质的浓度，还能显著提高海域生产力，提升经济效益。

科学技术是一把"双刃剑"，随着科学技术的发展，人们不断增强开发和利用海洋的能力，过度开发海洋资源、超过海洋环境容量排污，使得海洋生态系统退化日益严重。与此同时，修复退化生态系统的科学技术也在逐步发展，为海洋生态恢复提供技术保障。

然而，令人遗憾的是，人们利用科学技术开发海洋的能动性却大大高于修复海洋生态系统的能动性，这一问题的关键就在于利益驱动。人们从开发利用海洋中获益，在海洋生态修复中却要承担更多的成本。如何在海洋开发与修复中平衡各方利益，转变海洋经济发展模式，如何使修复者确信投入的海洋生态修复成本能带来长期收益，如何调动开发者利用科学技术修复海洋生态的能动性等，都需要由法律来保障。法律就是要在参与海洋开发、利用、保护、管理和修复的各主体之间实现权利和义务的平衡。因此，海洋生态修复必须成为专门的法律制度。

[①] 柴召阳，何培民.我国海洋富营养化趋势与生态修复策略 [J].科学，2013，65（4）：48-52，63，4.

第四节　海洋生态修复亟待寻求法律制度性保障

一、海洋生态修复的法律制度性寻求

法治国家的生态文明建设要依法进行。海洋生态修复是一项庞杂的系统性工程，需要有完善的法律制度性保障，但是目前我国海洋生态修复的规则散见于各级部门的各项法律法规中，尚未形成一项完整的、系统性的、基础性的制度。人们不但要围绕海洋生态修复进行制度建设，而且要将其构建为海洋生态保护基本制度之一，构建具有系统性的制度体系。

（一）构建海洋生态修复法律制度的必要性

完善的法律制度是生态修复工作实施的依据。关于生态修复的主体、生态修复的对象、生态修复的具体内容以及在该活动中各方的权利和义务关系都应该有明确的法律规定。我国构建完善的海洋生态修复法律制度有如下几个方面的必要性。

1.完善的法律制度为海洋生态修复的开展提供强有力的支持

海洋生态修复是一项系统工程，因为海水的流动，无论是生态受损情况还是修复效果影响等都会牵涉多个沿海行政区域和行政部门，必须进行地区、部门利益的协调，如果缺乏完善的法律制度，则很容易出现地区或部门利益争夺之下的互相推诿和掣肘。建立完善的海洋生态修复制度，明确此种活动是依法而为，开展的过程可以尽可能少地遇到各种利益博弈中的阻碍因素，提高公正性与效率。

2.完善的法律制度为海洋生态修复工作本身提供客观动力

鉴于法律规定了海洋生态修复各方的权利、义务以及法律责任，如果不履行或者不完全履行生态修复义务，就会受到法律的否定性评价，进而要承担相应的法律责任。从修复主体的角度讲，这意味着一种压力。

3.完善的法律制度是保障海洋生态修复资金来源的客观需要

海洋生态修复是一项事关沿海地区社会、经济、生态发展理念的工程建设，事关当地的产业发展政策，具有长期性、复杂性、综合性，需要技术、管理、资金的投入。因此，必须从法律上明确政府、单位与个人因开发利用海洋行为应该承担的生态修复责任，保障海洋生态修复活动有必要而持久的资金投入，且应当规范资金的管理、使用。

4.完善的法律制度是保障海洋生态修复工程招投标规范化的需要

既然海洋生态修复是一项系统、复杂的工程建设，其过程中不免涉及招投标工作，如果缺乏制度规范，则容易滋生腐败问题，而且修复效果会大打折扣。应当通过制度建设对修复工程招投标的原则、基本程序、责任追究等进行必要的规范，保障招投标工作公开、公正。

5.完善的法律制度会对生态修复工作实施过程及结果进行指引和评价

海洋生态修复的效果评价应当是整个修复过程的关键一环。可以从整体和单个两个方面评价修复对象的种类、范畴以及功能恢复情况。评价一件事情做得如何应当有确定、权威的标准，如果欠缺评价标准，生态修复就会因为欠缺目标的指引而流于形式，或者半途而废不了了之。如果评价标准不够明确，也会导致生态修复过程模棱两可，造成资源的极大浪费；如果评价标准不够权威，会降低对海洋生态修复工作的指引性与推动力，造成各方对修复工作不够重视。所以，海洋生态修复必须有明确和权威的标准作为评价和指引，这个标准只能是在法律法规中有明确规定才能体现出权威性。

6.完善的海洋生态修复法律制度会起到积极的教育作用

法律的实施活动以及普法宣传可以使海洋生态修复的观念深入人心，使得人们在海洋的开发与利用过程中自觉开展生态修复工作，或者为了减少以后生态修复的成本，在开发利用的时候自觉采取必要措施，尽可能地减少给海洋带来的污染与破坏。综上所述，鉴于海洋生态修复对于维护海洋生态系统不可或缺的作用，涉海法律法规必须对海洋生态修复做出明确的规定。

21世纪初，国务院《全国生态环境保护纲要》指出，人类违背自然规律的活动是导致生态环境退化的主要原因。资源掠夺、超标排污、生态破坏，人与海洋之间的矛盾日益尖锐。正如人与生态的矛盾导致了生态法的产生一样①，人与海洋生态的矛盾也催生了海洋生态保护法。在遵循海洋生态规律、调和人与海洋的矛盾、规范人类开发利用海洋的行为的海洋法治建设要求之下，我国也建立了相应的法律法规体系。

（二）完善海洋生态修复既有规则体系需要进一步的制度构建

海洋生态保护是应对各种海洋生态问题而产生的宏大命题，生态修复工作是解题的关键步骤。整个海洋生态保护活动都需要各项制度的推进与保障，而海洋生态修复法律制度就是其中的一种。海洋生态保护法律制度可以理解为，所有规范人类应对海洋生态环境问题的法律制度的集合体，具体体现在海洋保护的各项法律法规中。海洋生态系统退化属于海洋生态环境问题的范畴，防治、修复退化的海洋生态系统是海洋生态保护的重要内容之一，海洋生态修复法律制度是海洋生态环境保护法律制度的有机组成部分。海洋生态修复法律制度的形成与完善推动着海洋生态保护法律制度的完善，反映在海洋法治建设中，涉及防治、修复退化海洋生态系统的法律制度也在不断丰富和完善。

1.现有的法律法规对海洋生态修复的规定不足

2019 年，自然资源部曾对 717 部规范性文件进行了全面清理，清理后保留的涉海性规范性文件约 250 部，主要包括以下几个层面。①法律层面：《中华人民共和国领海及毗连区法》《中华人民共和国专属经济区和大陆架法》《中华人民共和国海域使用管理法》《中华人民共和国海岛保护法》《中华人民共和国海洋环境保护法》《中华人民共和国海上交通安全法》《中华人民共和国海商法》。②行政法规层面：《海洋观测预报管理条例》《中华人民共和国涉外海洋科学研究管理规定》《铺设海底电缆管道管理规定》《防治海洋工程建设项目污染损害海洋环境管理条例》《中华人民共和国海洋倾废管理条例》《中华人民共和国海洋石油勘探开发环境保护管理条例》。③部门

---

① 田其云.海洋生态法体系研究[D].青岛：中国海洋大学，2006.

规章层面:《铺设海底电缆管道管理规定实施办法》《海底电缆管道保护规定》《海域使用管理违法违纪行为处分规定》《海洋行政处罚实施办法》。这些法律、法规、部门规范性文件、标准以及地方性法规,构成了我国海洋环境保护法律法规体系,并通过各项具体的制度保护着我国的海洋生态环境。这些与海洋保护相关的法律法规在内容上具有以下特点。

(1)重海洋资源开发利用,轻海洋生态环境保护。长期以来,人们在海洋事业发展过程中一直强调的是在开发中保护,为此海洋制度建设的重心在于海洋资源开发利用,这从一些海洋立法的名称中就可以看出来,如《中华人民共和国海域使用管理法》。该法的定位就是用以维护海域使用管理,维护海域所有者(国家)和海域使用者的合法权利,促进合理的海域开发和利用。该法的重点则是规定海域的国家所有权和海域使用权的取得及行使,以及海域使用金制度。与海洋生态环境保护相关的海洋功能区划制度,虽然在编制原则中提及要保护和改善生态环境,保障海域可持续利用,但目的还是促进海洋经济的发展,其前提是根据经济和社会发展的需要,统筹安排有关行业用海。海域使用论证制度则未对海域使用论证报告做出改善海洋生态环境影响的明确要求。

在制度建设中,国家对有居民海岛和无居民海岛确立了专项的开发要求,特别是无居民海岛在个人和机构向省级人民政府或者国务院申请批准后,缴纳一定的海岛使用金,就可以取得海岛使用权,经批准可以在无居民海岛进行生产、建设活动或者组织开展旅游活动。为此,一些沿海省份纷纷出台海岛开发的相关计划,海岛环境恶化。

(2)重污染防治轻生态保护。海洋污染防治和海洋生态保护是海洋环境保护的两个方面,二者互相联系且互相影响,但现行海洋环境保护制度建设受陆域环境保护的影响,重海洋污染防治轻海洋生态保护。海洋生态破坏具有渐进性,我国海洋生态系统多处于亚健康和不健康状态,海洋生物多样性在不断降低。一旦从量变到质变就会打破海洋生态系统的平衡,造成海洋生态系统的退化甚至恶化,进而减弱海洋的自净能力。鉴于我国海洋污染的严重性，现行海洋环境制度建设需要关注海洋污染的防治。

（3）重保护预防轻生态修复。现行海洋生态保护制度建设重在预防，各级政府先后确立了海洋自然保护区、海洋特别保护区、海洋功能区划、海洋生态红线等，从源头上防止海洋生态破坏不仅必要，而且符合环境保护的预防为主原则。但对已遭到破坏的海洋生态，单靠预防是无法彻底解决问题的。现行海洋生态保护制度建设中有关生态修复的规定长期缺失，在实践中导致某些具有重要经济和社会价值的海洋生态，在遭到破坏后由于缺乏整治修复，问题长期得不到解决。《中华人民共和国海洋环境保护法》规定了对具有重要生态、经济、社会价值的已遭到破坏的海洋生态，应当进行修复。但上述规定只是原则性的，对有关海洋生态整治修复的法律调控目标、责任分担机制、评价指标体系等都未进一步规定。

2.现有的海洋生态修复规则缺乏系统性

整体来看，我国现行海洋环境保护法规体系存在立法部门众多，位阶效力参差不齐，针对事项过于具体等情况。如果不能结合海洋生态系统的整体性和系统性特点进行系统立法，则可能在一定程度上对单个生态要素起到了保护作用或者相对降低了污染和破坏的影响，但是不能彻底扭转海洋整体污染和破坏日益严重的局面，恢复海洋渔业资源和生物多样性。如《中华人民共和国渔业法》在很大程度上减缓了海洋渔业资源枯竭和某些特殊海洋生物灭绝的过程，但并不能从整体上恢复海洋生物多样性。

海洋生态保护措施分为事前预防型和事后治理型。海洋生态修复制度属于事后治理型制度，应当进行系统性和整体性构建，使之作为海洋生态保护的基本制度之一。

二、海洋生态修复法律制度设计应当满足的基本要求

我国退化生态系统的恢复和重建实践开展得较早，关于海洋生态修复的理论研究和试验早在 20 世纪 50 年代就开始了。我国在 20 世纪 50 年代至 90 年代共开展了 3 次大规模的海岸带、沿海滩涂、湿地和海岛资源的综合调查，

为海洋生态修复工作奠定了基础。20 世纪 90 年代以来，我国实行的生态修复措施主要是建立自然保护区和实行休渔期。我国先后建立了对昌黎黄金海岸、三亚珊瑚礁、南麂列岛、盐城丹顶鹤等保护的自然保护区，在南海、东海、黄海、渤海等海域实施了伏季休渔制度。虽然我国的海洋生态修复实践工作开展得较早，但是海洋生物资源仍呈现耗竭之势；海洋环境问题突出，污染严重的状况没有得到彻底改善；海洋特殊生态系统的保护工作同样没有达到预期效果。因此，构建一项具有系统性、整体性、内在一致性、以义务为本位的、满足生态正义要求的海洋生态修复法律制度是基本要求。

（一）海洋生态修复需要从法律制度层面进行基础性和整体性的构建

我国海洋生态系统广阔复杂，生物资源的数量和质量与生长环境密不可分，生态修复不但要恢复、要保有生物数量，也要保证生境的质量，生态修复工作要从生态系统整体性上做通盘考虑，以制度来保障生态修复工作的整体性推进。

（二）海洋生态修复法律制度应当具有更高位阶效力，以协调各个用海区域利益

我国海域广阔，沿海省份众多，目前我国有 9 个沿海省、1 个沿海自治区、2 个沿海直辖市、53 个沿海城市、242 个沿海区县。海洋生态修复工作具有明显的地域分割特点，多为省级立法。行政区是分而治之的，海水却是流动的，海洋是一体的。所以分而治之的海洋生态修复效果会出现此长彼消的效应，即一个沿海地区的修复成果会被另一个沿海地区的生态污染问题削弱。而超越地区层面的处于高位阶的法律制度可以保障海洋生态修复工作有序开展。

（三）海洋生态修复法律制度要明确主体及突出义务本位

海洋生态修复是一项长期的、复杂的系统性工程，人力、技术、资金投入很大，而能否收获以及何时收获修复带来的生态效益又难以预测。因此，必须在法律制度中明确海洋生态修复的主体以及主体的修复法律义务及法律责任，以法律强制力来推动海洋生态修复工作的开展。

（四）海洋生态修复法律制度既要实现自然生态修复，又要关照社会生态修复

从我国目前已经开展的海洋生态修复实践经验和理论研究来看，多年来我国的海洋生态修复目标主要集中在对生态学过程的修复上，没有与海洋生态管理法律法规的进步、完善结合起来，法律制度无法跟进修复实践，呈现滞后性，生态修复的实践需要强大的国家强制力推进过程和巩固效果，需要构建一个统一的、具有内在一致性的、自成体系的生态修复制度来保障和推进海洋生态修复的实践活动。另外，生态恢复实践偏重于工程技术的创新与实施，并没有和沿海地区的社会经济发展和居民的福利有机结合起来，没有从制度层面解决相关的社会经济发展失衡问题，这是生态修复实践内容的偏颇，偏离了出发点，往往也难以达到最终的目标。因此，需要构建一个具有内在一致性，既能实现自然生态修复又能关照社会生态修复的法律制度，保障海洋生态正义的实现。

第三章

海洋生态修复法律制度构建的理论基础

第一节　基本理念的指引

要有效推进海洋生态保护工作，就要依靠完善的海洋制度建设。而海洋制度建设需要有正确的理念统一思想，引领行动。所谓理念，是指具有理性的观念，又称价值观念。一般认为理性是指合乎自然规律和社会规律或者合乎人的本性（人的本性是人的自然性与社会性的统一）。① 所以，法律理念就是合乎自然规律和社会规律或者合乎人的本性的法律观念。海洋法治建设的理念是指合乎海洋自然生态规律、海洋社会经济规律的级别观念，是海洋生态法的灵魂，是构建海洋生态法学理论体系与海洋法律制度体系的出发点，是海洋生态法律制度规定、强调、宣示或体现的基本观点，是体现立法目的的思想基础、动机根源、基本原则的出发点，是海洋生态法治建设的必然性、应然性、实然性和价值性的集中反映。② 因此，只有以正确的理念为指导，才能在海洋生态法治建设中坚持正确的方向。

---

① 蔡守秋.生态文明建设的法律和制度[M].北京：中国法制出版社，2017：49.
② 蔡守秋.生态文明建设的法律和制度[M].北京：中国法制出版社，2017：50.

一、生态正义

生态正义是环境法学的基本理念，是将海洋生态环境法学与环境资源法学相联系，并进一步与整个法学联系起来的基本理念，也是将海洋生态安全、海洋生态公平、海洋生态秩序、海洋生态民主、效率与海洋生态可持续发展等各种海洋生态环境法学理念有机联系起来的基本理念。

所谓生态正义，是指人类社会在处理生态保护问题时，面向各群体、区域、民族、国家分配权利与义务时的公平对等。[①] 生态正义的核心在于分配正义。全人类只有一个地球，相对于全世界的总人口而言，资源具有稀缺性。也正因为资源的稀缺性才有了"分配"的问题。资源稀缺是在此讨论"分配正义"问题的起因。当人类认知逐渐摒弃了"地球资源取之不尽、用之不竭"的观念，认识到生态环境资源也不是"按需索取"的自由财富时，"生态正义"就登上了历史舞台。

亚里士多德（Aristotle）将正义分为分配正义和校正正义。分配正义是指在分配财富、资源、权利、荣誉等价值时，对相同的人相同对待，对不同的人不同对待，即正义。与之对应，校正正义是在上述价值受到损害时，损害者应当承担恢复和补偿责任，受害者应当获得补偿，无论谁是损害者，也无论谁是受害者，即正义。[②] 这也是罗尔斯（Rawls）所主张的实现正义的两个原则：平等自由原则和差别责任原则。法律制度应该如何设计才能体现正义的要求呢？在罗尔斯看来，所有的财富和收入都应该平等分配，这就是平等自由原则。但在现实生活中，完全的平等是不可能的，每个人获得利益和承担损害都是有大有小的，分配结果只有在能给每一个人，尤其是那些最少受惠者带来补偿利益时才是正义的，也即较大利益获取者要对最少获取者承担补偿的责任，要区别对待不同的利益获取者。这样的差别责任原则基于平等自由原则。罗尔斯的分配正义思想对环境法律制度的设计尤其是责任原则

---

① 李光禄，刘明明. 差别生态责任研究 [M]. 北京：中国政法大学出版社，2016：52.

② 何建华. 罗尔斯分配正义思想探析 [J]. 中共浙江省委党校学报，2005（5）：31-36.

的深化起着重要的指引作用。

可以直接从社会结构和社会制度的正义性来认识生态正义问题。生态正义是由生态环境因素引发的社会公正对待的正义主张。受到生态正义理念的启发，人们改变了以往法律制度设计的路径依赖，将正义的理念融入了生态法律制度建设之中，回到了法的精神本源。人类以一种全新的正义思维面对生态资源分配的制度设计问题，摒弃了人类中心主义和个体中心主义，目的在于消除人为因素导致的生态利益分配的不平等。生态正义理念可以推导出生态安全、生态公平、生态秩序、生态民主、生态效益和可持续发展等生态资源法学理念。其中，维护生态安全是生态正义的基本要求；追求经济效益、社会效益和生态效益的最佳统一，是实现生态正义的基本途径；实现生态公平，包括代内公平、代际公平、区际公平和种际公平，是体现生态正义的特色观念、核心观念；维护和追求人与自然和谐共处、人与人和谐共处是生态正义的终极目的。

生态修复法律制度是生态利益的正当化及法权化的表达形式。海洋生态环境资源属于全人类，属于当代人也属于后代人。根据生态正义的分配正义或平等自由原则，每个人都应当平等享有海洋生态利益。但是政治、经济、社会的现实不平等性，导致人们开发和利用海洋资源的机会是不同的，利益分配的结果也不能体现平等自由原则。实际上，少数人海洋生态利益获取损害了生态正义理论上所有人包括后代人平等自由享有海洋生态利益的权利。要实现生态正义理念平等自由原则要求之下的代际公平和代内公平，当代人的海洋利用行为就不能损害其他人对海洋享有的利益，不能损害后代人的海洋利益。因此，根据校正正义或者差别责任原则，应当由海洋生态利益较大获取者对较小获取者或者受损者承担利益补偿的生态责任。责任的方式或者支付生态补偿金或者修复受损的海洋生态，修复的方式有亲自实施修复行为，或者付出支付生态损害赔偿金的代价，由他人代为修复。

海洋生态修复是海洋开发和利用活动中获取海洋生态利益、造成海洋生态损害者应当做出的一系列治理、修复行为。虽然海洋生态修复是系统性法律制度，但是以生态责任为视角，生态修复直接、本质的体现仍然是生态责任。生态责任包含环境违法行为产生的不利后果和生态治理义务两部分。生态责任的分配不同于一般的环境负担分配，它是对先前的环境利益与负担分配的非正义性的矫正，核心是体现现实中不同主体的差异性。

20 世纪 90 年代西方国家提出了公共事务治理的多中心模式，之后建立生态环境保护的多中心体制越来越受到重视。传统生态环境责任理论把政府、企业、公民三类作为生态责任的主体，然而，根据生态正义的外部性内部化及考虑实际需求、历史现实等因素，可以从另外一个角度划分生态责任主体。从各主体与生态系统的关系差异入手，包括管理者、利用者、受益者、破坏者几种类型，根据各主体对生态系统的影响力分配其应当承担的差别生态责任。

造成海洋生态损害的人往往也是开发利用海洋资源的人，根据生态正义的要求及环境责任原则，应由他们主要承担生态修复责任，根据他们的修复能力不同，修复责任的具体形式也不同。如果他们欠缺修复能力，则需要支付生态损害赔偿金，将实际的修复责任交由专业的修复单位，这些单位承担修复责任往往是基于合同或者政府委任。由于某些原因，一些海洋生态损害难以确定修复责任人，则最终会由国家承担修复责任，理论基础是公共信托理论。国家在生态修复中应该呈现的角色是生态修复的监管者。

综上所述，海洋生态修复中不同的主体承担不同的责任，是立足于海洋生态整体主义的高度，符合生态正义差别责任原则做出的应对。

二、海洋生态安全

我国目前海洋资源的破坏性开发和利用以及各种形式的海洋污染导致海洋生态系统功能退化，如果不能得到及时的遏制和修复，就会威胁海洋的生态安全，制约我国海洋经济的可持续发展。生态安全是国家安全的重要组成部分。1987 年世界环境与发展委员会在《我们共同的未来》中明确提出："安全的定义必须扩展，超出对国家主权的政治和军事威胁，而要包括环境恶化和发展条件遭到破坏。"我国于 2000 年发布的《全国生态环境保护纲要》也要求"维护国家生态安全",并认为这是生态保护的首要任务。

（一）海洋生态安全的定义

如前文所述概念的界定,生态是指地球上所有的生命体与无机生态之间的相互作用系统,人类是生态的一部分。生态强调客观对主体的效应,主体对客观的适应。生态表述主体（人类）和客观（无机生态和其他生命体）的相互关系。"安全"是一种所指对象未处于危险或威胁的状态,只有所指对象受到某种危险或威胁时才会产生安全问题。不可否认的是,人们谈论安全的问题都是站在人类的视角。生态系统是有生态阈值的,也就是能够维持自我功能恢复调节并能支撑人类生存发展的最大限度,生态系统受损害超过这个限度就会产生安全问题。

海洋生态安全具有两层基本含义:一层是海洋生态系统本身的安全,即其内部结构是否合理和功能是否正常,生态整体是否平衡;另一层是海洋生态是否能够安全地满足人类生存发展的需求。

综上,海洋生态安全是指,海洋生态系统不仅自身处于没有危害、不受威胁的状态,而且处于对人类没有危害和威胁的状态,能够正常地为人类提供各项服务。

（二）海洋生态安全的要求

1.海洋生态系统的内部要求

海洋生态系统内部需要维持平衡。与陆上生态系统类似,海洋同样通过正负反馈机制维持自身的稳态。但是这种自我调控的能力存在上限,即"生态阈值",也就是海洋生态系统的承载力。海洋生态系统承载力的大小取决于海洋生态系统的自我调节能力及人类施加的压力。当人类施加的压力在海洋生态系统的自我调节能力范围之内时,这种调节能力会消解人类施加的压力,消除破坏,生态逐步恢复平衡;当人类施加的压力超过了海洋生态系统的自我调节能力时,会使这种调节能力进一步降低,甚至崩溃瓦解。此时生态平衡遭到破坏,生态退化,甚至生态系统崩溃。所以,海洋生态系统内部的生态安全是在海洋生态承载力基础上的一种自我平衡。海洋承载力或者生态阈值的存在为海洋开发和管理活动以及海洋保护法律制度的设计提供了依据，是海洋生态安全的内部要求。这就要求在法律制度设计过程中要遵循生态承载力极限规律，严格设立法律禁止条款，保障海洋生态安全，如捕捞控制制度、围填海审批制度、排污许可制度、总量控制制度。

2.海洋生态系统的外部要求

海洋提供给人类的生态服务功能包括调节、供给、文化、支持服务等与人类生存发展息息相关的方面。海洋生态安全的外部要求就是海洋能够为人类提供正常的生态服务功能。而海洋生态为人类提供的生态服务，一方面受其自身生态承载力客观条件限制，另一方面取决于人类活动的影响。由生活方式、海洋意识、经济水平、技术水平、国家意志等因素决定的人类活动对海洋生态的影响有正、负两方面。正面影响是对海洋生态的维护、修复；负面影响体现为对海洋生态造成的干扰破坏，即开发、利用和排污行为。人类发挥主观能动性，可以增进正面影响，限制和减少负面影响。比如，人类可以发挥促进技术研发、提高管理水平、设计法律制度等主观能动性，发现海洋新能源，减少海洋资源浪费，减少海洋排污，修复海岸带和海岛，增育海洋生物，修复受损的海洋生态服务功能。关注海洋生态安全，也是实现可持续发展的内在要求。出于人类活动或自然本身的原因，海洋生态系统难以避免会出现健康受到损害甚至不安全的情况。在立法工作中可以通过事先预防性和事后修复性的制度设计来规制人们的海洋相关行为。海洋生态系统修复就是指人类利用系统的自我恢复能力，运用一定的技术手段，促进系统逐步从受损状态恢复，最终实现系统整体功能的改善和恢复。

3.可持续发展的要求

海洋生态安全的外在衡量尺度就是人类施加的活动影响没有超过海洋的自我调节能力限值。1972年罗马俱乐部在《增长的极限》中提出了地球资源和生态承载力的"增长极限"论，如果不加节制不采取任何措施，依照现在人类活动作用于生态的能力和速度，生态受损很快就会达到生态阈值。这样的极限预测理论警醒人们，一方面要收敛自己的污染与破坏行为，维护生态平衡；另一方面要积极地进行受损生态的修复。这种极限理论是目前人们生态保护制度设计的重要理论依据，不仅使人们更加重视日益严重的生态问题，还促使发展观念转向可持续发展。海洋生态安全是可持续发展的理论基础，也是可持续发展事业的客观要求。这要求人们更多地关注海洋生态系统风险，要求人们采取预防性的行动，要求人们在对海洋生态产生不利影响之后能够积极采取修复措施消除不良影响，以保证海洋生态的服务功能对人类持续发展具有支持作用。

三、生态价值

价值问题是哲学领域的一个基本问题。什么是价值？怎样做才是有价值的？这些问题属于认识论的范畴。近些年兴起了哲学的一个新的分支——生态哲学，该学科讨论的基本问题就是人与自然的关系的问题。从本体论的角度讲，生态哲学认为世界不是古代哲学认为的一元的，也不是近代哲学所说的二元的，如"物质"和"精神"，世界应当是多元的，由多个主体共同作用，以维持系统稳定而有序的进化。本体论决定了人们在认识论和方法论上的思维和行为不能简单化、片面化、非系统化。从认识论的角度讲，生态哲学认识论应当包括对生态价值的认识、关于生态问题根源的认识、关于生态规律的认识以及对人类保护生态行为有效性的认识。而生态保护的各项实践活动属于生态哲学方法论的问题，其中包括生态修复活动。

一提到"价值"的定义，人们会立即想到"有用性"。本书认为价值表达了一种关系，是主体满足客体需要的关系，即"主体的需要＋客体的价值事实"。综上所述，自然生态价值有两种含义：一是客体自然生态对主体人类的有用性；二是人类赋予自然生态的文化意义。[①]具体体现在生态的伦理价值、审美价值、经济价值等方面。除了这些对人类的价值之外，还有生态对其自身的内生价值。

---

① 胡安水.生态价值概论[M].北京：人民出版社，2013：46.

上述价值就是客体对主体需要的满足。传统哲学认为只有人才有资格作为主体存在，与人有对象性关系的生态就是客体。价值就是生态对人类的意义。价值在此显示出客体对主体的单向性关系，即只是为了满足主体的需要。

从辩证法的角度来理解，主体与客体的价值关系应该是双向的、相互满足的关系，否则主客体之间的对象性关系就是不完备的。在传统哲学中对客体的理解强调其物理特性和被动性，客体的需要被忽视了。事实上，作为客体的自然生态是有自己的独特需要的，如人们通常认为自然界是有规律的，人类要遵循这些客观规律。可见，自然生态作为客体也有自己的需要，这种需要应当以自然规律的方式得到满足。

生态哲学在价值论上与传统哲学相比在对主客体的价值关系的理解上有重大突破：一是对人与自然生态的角色进行重新定位；二是完善人类与自然生态的双向关系，[1]即二者互为主体与客体的关系，自然生态能满足人类的需要，人类的实践活动也应当遵循自然规律，满足自然生态的需要。

在自然生态发生严重受损且无法通过自身修复能力完成自我修复的情况下，首先，生态系统对其自身内在的价值受到破坏，生态系统本身的可持续发展能力受损；其次，生态系统对人类的审美价值、经济价值等受到损害，进而影响人类的可持续发展。此时的自然生态系统就犹如受到重创的病人，疼痛的伤口难以自愈，迫切需要人类修复技术的施用以治愈伤体。在此种情况下，在人类与自然生态的价值关系里，生态主体需要的一面展现了出来，受损的生态具有被修复的内在需求，人类的价值体现就是根据自然规律满足自然生态的需求，运用合理的技术修复受损的生态，使人类和生态关系恢复到健康平衡的互动价值状态。

毋庸置疑，海洋对人类具有巨大的生态价值，反过来人类对海洋也有价值，人类对海洋的各项实践活动就是人类价值的体现，有正向价值也有负向价值。在蓝色经济时代，浩瀚的海洋看似强大，但同样有渴望人类文明予以

---

① 胡安水.生态价值概论[M].北京：人民出版社，2013：27.

关照的内在需求，人类满足这些需求的实践就体现为正向价值。海洋虽然作为客体的价值体量巨大，但海洋价值"无限是相对的，有限是绝对的"，如果开发和利用过度且不给予海洋生态以修复，终会对海洋和人类自身造成严重影响。人们按照自然规律开展受损海洋生态修复活动，就是在关照、响应人类—海洋价值关系中海洋的生态需求，这是人类对海洋的价值体现，也是人类对自身和对子孙后代的价值体现。

四、生态文明

（一）生态文明的内涵与要求

"生态文明"是具有丰富内涵的独立概念，是由"生态"与"文明"两个基本概念构成的复合词。生态是指生命体与其周围生态的相互关系。生态包括非生物的无机生态和生物生态，前者包括水、温度、阳光，后者包括其他有机生物。生态中生命体与非生物生态相互作用，生命体之间也相互作用，如竞争、捕食、寄生或互利共生。20世纪中后期，生态问题的日益突出使人们越来越认识到，当今世界已经不存在纯粹意义的自然生态，已经不能排除人为因素的影响来研究纯粹的自然生态。这种现实要求人们将自然生态和人类社会作为一个统一的复杂系统来看待。于是，生态的内涵由传统所理解的除去人类之外的生命体加无机生态的单一的自然生态范畴发展为包含人类在内的"自然生态＋社会生态"的复杂综合范畴。

文明是指社会的文化、进步、光明的状态。文明显示社会发展的过程和状态。这种过程和状态有很多决定性因素，如意识形态、技术水平、礼仪习惯、法律规范。

"生态"与"文明"走向一体的"生态文明"，是一种新的文明模式，是衡量人与自然关系的新的价值尺度，反映了人类对待其与生态自然关系的态度的变化。概括来讲，生态文明就是体现生态和谐的人类社会文明形态。具体指人与自然生态、社会三者关系和谐共生、良性回圈、全面发展的一切积极、进步成果的总和。① 生态文明比可持续发展的关照点更加全面丰富，强调整个生态的可持续发展。

（二）海洋生态文明与制度的同向演进

生态文明不同于工业文明对自然界的污染与破坏，生态文明以保护生态为基础，以保持生态平衡为首要任务，以绿色科技和生态生产为重要手段，以人与生态共生共荣为决策和行为实践的指南，以人对自然的自觉关怀和强烈的道德感、使命感为内在约束机制。生态文明最终要靠制度来保障。

制度体现的是社会关系。从历史逻辑看，制度和文明密切相关，没有制度的保障与推进，就没有稳定有序的社会生活，就谈不上文明。文明在很大程度上是由一个社会的政治、经济、技术和文化制度决定的，当然也包括法律制度。制度应当具有规范性、有效性、可操作性。从历史唯物史观来看，制度与文明的发展具有同向性，文明与制度路径在不断演进的过程中相互促进，文明的进步从内在推动制度创新，制度创新也有效地推动文明的进步。制度变迁路径向着兼顾社会效益、经济效益、生态效益的方向发展。

人类文明史不但是友好对待同类的历史，也是文明对待自然生态的历史。从辩证法的角度看，人类的文明进步不是自己评价的主观过程，而是一个可以用自然生态状况进行旁证的客观过程。人类的文明在自然生态的状态和变化上客观再现。经济、社会的高速发展也损害了生态。技术的进步带给自然生态的损害也可以通过技术的运用得到弥补、恢复、改善。这里的技术不但包括自然科学技术还包括社会层面的技术，如立法技术。生态修复法律制度是生态利益的正当化及法权化的表达形式。

生态修复是一项系统性工程，必须通过立法，形成制度性的保障，才能保证生态修复工作有序、有效地开展，进而实现生态文明。

党和政府一直重视生态文明的制度体系建设，《中共中央 国务院关于加快推进生态文明建设的意见》强调"健全生态文明建设的制度体系"。生态文明建设的制度体系应当由一系列特定的制度组成，由调整生态文明建设的

---

① 靳利华. 生态文明视域下的制度路径研究 [M]. 北京：社会科学文献出版社，2014：55.

特定社会关系的一系列法律规范组成。[①]修复受损的生态系统是党和国家提出的生态文明建设方针的具体实践，生态修复制度则是这一系列制度的重要组成部分。《中共中央关于全面深化改革若干重大问题的决定》要求，加快建立生态文明制度，完善生态治理和生态修复制度，用制度保护生态。2018年12月24日，国家发展和改革委员会、自然资源部在第十三届全国人民代表大会常务委员会第七次会议上发布《关于发展海洋经济 加快建设海洋强国工作情况的报告》。该报告指出，海洋生态文明建设是国家生态文明建设的重要组成部分，要坚持人与自然和谐共生、开发和保护并重、污染防治和生态修复并举的做法保护海洋生态。

第二节　生态学及经济学基本理论的支持

一、外部性原理

（一）生态的正外部性和负外部性

外部性或外部经济是经济学概念。外部性理论经过经济学家和生态保护领域学者的补充完善，逐渐成为在生态问题上具有较强解释力的概念。

概括来讲，外部性是指某一主体（个人、企业、事物、自然界、客观世界等）的存在和活动对其他主体在没有相关交易情况下所带来的影响，包括正的（有益的）或负的（有害的）两个方面。正外部性指一个主体的活动带来的有利影响，接受者并不需要为此付出任何成本；负外部性指行为人实施的行为对他人或公共环境利益有减损或使成本增加却无须赔偿。生态的外部性是生态与人类之间在不存在任何相关交易的情况下，对人类生存发展带来的有利（正外部性）或有害（负外部性）的影响。两种外部性都包括天然的与人为的两个方面。生态天然的正外部性是指生态给人类提供的有利的生存

---

① 蔡守秋.生态文明建设的法律和制度[M].北京：中国法制出版社，2017：93.

条件，包括充足的阳光、良好的空气、干净的水、优质的土壤、丰富的资源等要素；生态人为的正外部性是指人们对生态的活动给其他主体带来有利的影响。生态的负外部性是指生态给人类带来的灾难和恶劣的生存生态，包括极端天气、洪涝灾害、地震、火山喷发、海啸等威胁人类生存发展的因素。天然负外部性是生态本身所具有的，是人类不能控制的；而人为负外部性是人类对生态的作用产生的负面影响反过来又给人类的生存与发展带来了不利影响。这种不利影响就是人们通常所说的生态问题或者生态危机。

自从人类诞生以来，生态就已经不是原本意义上的纯天然的了。在人类活动的长期影响下，天然、自在的生态逐渐变化。在某种意义上，被人类改造而产生变化自然是人类文明进步的表现。但是在人类对生态的利用和改造过程中，自然界的面貌不断被改变，生态问题越来越突出，维持生态正外部性的原始结构与功能等不断被破坏，生态天然的正外部性逐渐朝着反向变化。随着科学技术的发展，人类对天然生态的改造力度越来越大，破坏也越来越严重。生态的天然外部性在人类的改造活动下发生了巨大变化：天然的正外部性正在消失，负外部性却在放大。

生态为人类生存和发展提供的可以利用的资源和生态具有公共产品属性，这种产品本身就是生态正外部性的体现。这些"自然产品"的产权不清晰，人们对资源的滥采滥用、过度开发等造成生态污染和生态破坏等现象，从而导致生态的负外部性越来越明显。以海洋为例，过度的围海造田使海岸自然岸线面貌改变，近海生态受到破坏。在生存利益和经济利益的驱动下，渔民的过度捕捞使近海渔场几乎无天然鱼类可捕；海岸工程建设破坏了海洋湿地生态系统，生物多样性减少；海洋工程建设、船舶航行的油类污染、噪声污染使远海、深海生态也不能幸免；陆源排污面、排污点对海洋生态产生了负面影响。这些是海洋生态人为负外部性的具体体现。

鉴于海洋生态资源的公共物品属性，本书认为造成这种局面的原因有两个：其一，虽然生态受损（包括污染与破坏，下同）具有较强的负外部性，但海洋生态资源与生态的利用者所承担的成本远小于社会承担的成本，所获得的利益又巨大，仅考虑自身成本和利益的利用者会使海洋生态受损超过其生态阈值或者承载力；其二，虽然生态保护具有较强的正外部性，但保护者所获得的利益小于社会的收益，仅受自身利益激励的保护者不会有足够的动力提供社会所需要的生态保护措施。所以无论是正外部性还是负外部性，都会影响海洋生态资源的优化配置，从而使海洋生态问题更加严重。

（二）生态外部性的内部化

外部性是一个经济主体对其他经济主体所施加的影响，但这种影响并非以市场为媒介。外部效应不是通过市场机制来反映"供"（外部效应的制造者）"求"（外部效应的接受者）意愿，在外部性的传递过程中，受体是被动的。要消除外部性对于资源分配的影响，就要设法创造一个模拟的市场，使价格机制重新发挥作用，这一过程就是外部性的内部化。

1.生态正外部性的内部化途径

与生态负外部性对社会造成明显的损害相比，生态正外部性的存在似乎是一件有益无害的事情，不需要过多关注。但是，生态经济学家认为，不要以为生态正外部性就是好的。除去天然的生态正外部性，人为造成的生态正外部性和生态负外部性一样，也会影响资源的配置效率，因而也应当予以重视。同样以海洋生态外部性为例，某个主体保护海洋生态的行为增加了他人的海洋生态利益，而自己得不到补偿，这是多数正外部性存在的情形。正外部性的内部化解决方式可以是，政府对海洋生态系统服务的提供者进行津贴补偿或者税收等产业优惠政策，从而鼓励单个企业加大环境保护投入力度，使这一既有利于自己又有利于社会的经济活动达到社会最优水平。这些费用源于海洋生态效益的溢出部分，主要由海洋生态系统服务的受益者提供。政府作为管理者，是使生态外部性内部化的义务机构，承担较多的生态责任。

2.生态负外部性的内部化途径

实现负外部性的内部化，不仅是新制度经济学的研究重点，也是实现生态保护的重点。①负外部性的内部化要求生态系统的干扰者和破坏者要对其行为承担相应的责任。①根据损害生态程度，对生态损害者征收环境税，可将外部成本内部化，改变企业生产对生态环境造成的破坏由全社会共同承担的局面；②根据矫正正义，由获取较大生态利益者向获取较小生态利益者提供生态补偿；③根据矫正正义，由生态损害者承担修复责任也是负外部性内部化的途径。

人类发展的价值规律应当是越发展，获得的能量越大，越能自由生存，驾驭自然生态和自我的能力越强。但是，人类目前在生态灾害面前仍然无能为力，且经济发展的前景越来越囿于生态承载力的限制，可持续发展能力堪忧。这表明人类发展到今天尚未与生态形成和谐共洽的关系，人类与生态共同可持续发展是美好的愿景，是应当做出改变和努力实现的目标。这就要求生态利用者转变经济发展的观念、秉承可持续发展理念，采取生态友好型的发展手段，并在生态受损后及时采取修复措施防止或减少生态负外部性的影响。

对于受损的生态必须采取修复措施，以恢复生态的功能，最终支持人类的可持续发展，对此人们已经达成理论共识。但是人是理性人、经济人，会衡量生态修复的边际成本。②事实情况是生态资源利用者承担了生态修复的责任之后，从总体上来说其利用生态的成本肯定是增加的，即对生态资源利用者来说生态正外部性增加带来了内部的不经济性，其不愿主动采取生态修复措施。倘若污染、破坏海洋生态者不接受罚款（用于海洋生态修复）或者不承担直接的生态修复责任，无异于放纵其制造更多的污染和破坏，使海洋生态问题更加严重。③所以，让生态资源利用者承担海洋生态修复的责任必须有法律依据，使海洋生态修复成为一项法律上的责任。

---

① 金雪涛. 环境资源认知产权的调整与负外部性内部化 [J]. 生产力研究, 2007 (23): 18-19, 28.

② 边际成本：增加一单位的产量随即而产生的成本增加量。

③ 杜健勋. 环境利益分配法理研究 [M]. 北京: 中国环境出版社, 2013: 299.

所以，人们需要通过制度设计，为海洋生态资源利用者在利用海洋生态资源"公共产品"时设置一个"修复"的成本代价，尽量减少、化解海洋生态的负外部性。

二、正负向演替原理

生态系统的一个重要特征是它趋于实现稳定或平衡状态。海洋生态系统的每个组成部分都处于动态平衡中。生命有机体和无机成分之间的物质回圈和能量流动一直持续不断，因此海洋生态系统的结构和功能始终处于协调的动态平衡过程中。

（一）海洋生态系统的正负反馈机制

海洋生态系统的自我调节能力取决于正反馈机制和负反馈机制之间的相互关系和相互作用。正反馈机制是系统中的一部分输出通过路径转化变为输入，从而强化最初发生改变的成分的改变。例如，污染导致虾减少或死亡，死虾加剧污染导致更多的虾死亡。如果只有正反馈控制，则生态系统会朝着一维方向发展，使变化不断强化，系统很容易失衡，必须加入负反馈机制，给最初的变化以相反发展的力量，维持系统平衡。负反馈是输出反过来削弱和减少输入的作用，削弱最初发生变化的成分的变化，保持生态稳定。例如，在海洋贝类水产养殖系统中，如果增加植食性贝类的数量，则植物数量将会减少。反之，当植物数量减少时，贝类的生长将受到抑制，从而导致数量减少。海洋生态系统通过正反馈和负反馈机制，实现了生态系统各成分之间的彼此适应与调节，维持生态稳定。

（二）海洋生态阈值

人们可以通过生态系统的自我调节能力来适当调节海洋生态系统中某一生物或非生物成分在允许范围内的变化，这也是负反馈机制作用的体现，结果是维持生态平衡。但是这种通过负反馈机制发挥稳态控制的作用是有限的，超出极限，无限制的正反馈会导致死亡。海洋生态系统只能在一定限度内自我调节自然或人类活动对海洋生物或非生物成分的干扰，这称为生态阈值。

（三）在生态阈值下利用正负反馈机制开展海洋生态修复工作

生态系统可以在生态阈值内保持相对平衡。一旦外部干扰超过该阈值，这种生态的相对平衡就会被破坏，导致系统内的生物数量减少，能量流动和物质回圈出现障碍，甚至可能导致整个系统的崩溃，这种情况通常被称为生态失衡。过度开发海洋资源、过度排污、过度破坏会使海洋生态系统处于结构破坏和功能退化、系统构造简化、生物种类减少、多样性降低、系统稳定性和抗逆性减弱的非良性状态。按照正反馈机制原理，如果上述各种人为干扰剧烈和持久，海洋生态系统最初的各种非良性状态变化将更加严重，最终导致整个系统结构崩溃。部分海洋生态系统，如盐沼、红树林、珊瑚礁、河口等浅海区，由于人类活动频繁，出现了不同程度的退化。所以，引入负反馈机制，阻却或减少人为原因造成的海洋生态系统功能退化在正反馈机制作用下的进一步退化是必要的，人们需要清除污染，治理破坏，修复生物种群数量，增加生物多样性，修复生态功能。在海洋生态系统退化和修复的过程中，负反馈机制的作用会使这些修复成果得到强化，海洋生物群的活动将改良海洋生态系统的非生物环境，有助于其他海洋生物群的成长，生物多样性增加进而达到海洋生态动态平衡的稳态。因此，修复退化的海洋生态系统是摆在人们面前的紧迫任务。

人类必须认识到海洋生态系统是具有自我调节能力的复杂的生态系统。维持海洋生态系统的结构和功能的稳定，需要一系列法律制度的建设。海洋生态修复正是依据生态阈值理论和正负反馈机制的原理所开展的工作。在构建生态修复法律制度时必须重视海洋生态阈值为人类活动设定的限制，重视海洋生态系统各成分之间的正负反馈机制的相互作用和协调机制。

第四章

海洋生态修复法律制度的概念、性质与定位

第一节　生态修复的法律制度性理解

20 世纪 80 年代，生态修复实践活动就已经逐渐开展，生态工程领域的生态修复理论研究同时开展。但是生态修复相关的法律制度的研究滞后于生态修复实践。《中华人民共和国环境保护法》第三十条、第三十二条的规定确立了生态修复的法律制度地位。①

2023 年修订的《中华人民共和国海洋环境保护法》第四十二条第一款规定"对遭到破坏的具有重要生态、经济、社会价值的海洋生态系统，应当进行修复"。从法律语言表述来看，此规定明确地体现了对生态修复法律制度的立法确认。法律制度的内涵非常丰富，法律制度属于一整套的规范体系，一项环保活动被确定为法律制度的话，将会要求有丰富的制度内容填充和配套的实施机制、司法实践活动的映射等。

但是，围绕"确立海洋生态修复法律制度"这个命题，尚有多项基础理

---

① 《中华人民共和国环境保护法》第三十条规定："开发利用自然资源，应当合理开发，保护生物多样性，保障生态安全，依法制定有关生态保护和恢复治理方案并予以实施。"第三十二条规定："国家加强对大气、水、土壤等的保护，建立和完善相应的调查、监测、评估和修复制度。"

论性研究需要进行。"海洋生态修复法律制度"这个概念由两个基础概念组成，一是"海洋生态修复"，二是"法律制度"。"法律制度"这一概念将会决定"海洋生态修复"这一社会现象的法律制度性内涵，决定这一社会现象在理论依据、属性、内容、实施机制、具体要求等方面呈现出具有"法律制度"内涵式要求的独特方面。所以，要想深入研究"海洋生态修复法律制度"的各个方面，先要明白"法律制度"这个基础概念的内涵和外延，即"法律制度"的本质属性以及概念的适用范围。

一、法律制度的概念

事物的概念和定义不同。概念是思维和知识的基本单元和基本形式之一，反映事物的本质和事物的内部联系，是抽象的、普遍的想法或观念。概念的基本特征是它的抽象性、概括性和普遍性。定义是确定某一事物的本质特征或一个概念的内涵和外延。简言之，概念是人们在认识事物时对事物本质特征的概括，是人们进行逻辑思维的基本单元；定义是对概念的简要而确定的说明。本书在研究过程中查阅了众多法律制度研究的文献，很难找到法律制度的定义。美国法学家劳伦斯·M.弗里德曼（Lawrence M. Friedman）在《法律制度：从社会科学角度观察》一书中认为，有许多方法可以观察法律制度，但对于"法律制度"没有学者和公众都同意的定义。[①]因此，本书不是试图给法律制度下定义，而是探寻法律制度本质上到底是什么以及它的内涵是什么，作为人们构建生态修复法律制度的指引。

弗里德曼在现实主义法学研究的影响下，将积累的片段研究、经验研究，结合种种法律的社会现象，从一个基本视角对法律制度进行了系统性和综合性的理论构建。"人的身体、弹球机和罗马教会都是制度。""只要能够指出或者划出其界限，任何一套相互作用都可以称为制度。""任何的制度都

---

① 弗里德曼.法律制度：从社会科学角度观察[M].李琼英，林欣，译.修订版.北京：中国政法大学出版社，2004：1.

是有界限的，即从哪里开始到哪里结束。"①

那么，法律制度的界限是什么？把法律制度和其他制度区别开的关键就是"法律"的内涵。法律的内涵有如下几种理解。

（1）法律机构。法律的机构性定义典型地在其公共性质中寻找法律的本性，法律和政府是联系在一起的。比如，唐纳德·布莱克（Donald Black）把法律解释为"政府的社会控制"②，法学家约翰·奥斯汀（John Austin）把法律解释为"统治者的命令"③。

（2）规则、规范体系。比如，迈克尔·巴坎（Michael Barkun）认为法律是"共同规范"④，尤金·埃利希（Eugen Ehrlich）认为法律是"举止模式"⑤。这种法律的定义就是人们通常所说的"行为模式"。

（3）职能。比如，具有行使社会控制、解决纠纷、解决争端的职能的任何机构都可以是"法律性"的。但是这种定义指出了法律的内涵之一，即具有有效性和实效性，缺点是太过于宽泛，法院、警察与教师、父亲都具有这样的职能，但不能说教师、父亲是法律。

（4）某种专门的程序和秩序。当然，作为社会科学领域的概念，法律其实是没有一个犹如"1+1=2"那般精确的定义的。这也意味着"法律制度"也是没有精确定义的。任何事物的定义只能是来自下定义者自己的背景和目的。

本书针对海洋生态修复法律制度的研究，更倾向于将"法律"定义为"规则、规范体系"，而舍弃"机构、职能、程序和秩序"的提法，本书认

---

① 弗里德曼.法律制度：从社会科学角度观察[M].李琼英，林欣，译.修订版.北京：中国政法大学出版社，2004：17-18.

②BLACK D. The boundaries of legal sociology[J]. Yale Law Journal, 81: 1086-1100.

③AUSTIN J. The province of jurisprudence determined[M].Cambridge: Cambridge University Press , 1995: 25.

④BARKUN M. Law without sanctions[M].New Haven: Yale University Press, 1968: 92.

⑤EHRLICH E. Fundamental principles of the sociology of law[M]. Clark: The Lawbook Exchange, Ltd, 1936: 35.

为"规范、规则体系"可以涵盖以上方面。理由如下：①如果法律作为一种规则体系，则本身就有了"机构"的含义，因为规则不是凭空产生的，一定是有制定机构的，就算是习惯上升为法律，也要经过制定者的认可，再者规则制定出来要有执行机构，机构是规则制定和执行必须具备的；②规则的作用和职能就是创设秩序、维护秩序，职能性和秩序性是规则的题中之义。职能是通过人们的行为模式体现的，在规则要求的行为模式下，人们行为的结果是要体现秩序和达到秩序。也就是说，机构、职能、秩序是法律规则的题中之义。

分析事物定义，应当从组成该事物的基本要素的含义入手。本书认为法律制度是规则、规范体系，就是从组成这一概念的基本要素的含义入手，从基本的文本意思展开分析的。

在汉语中，探寻法律制度的一般、本质的含义可以从构成这个概念的更为基本的概念要素入手。

（一）"制""度"和"制度"

"制"在我国汉语中的基本字义主要有下面几种。

（1）规定，如"因地制宜""制式"。

（2）限定、约束，如"制止""制裁"。

（3）法规，如"公有制"。

（4）依照规定和标准做的，如"制钱""制服"。

（5）帝王的命令，如"制诰"。

"度"在我国汉语中的基本字义主要有衡量标准、尺码，如"度量衡"。

可以看出，在我国的汉语字义中"制"和"度"具有某些类似或相通的含义，二字放在一起组成"制度"，可以指向一些特定的含义——约束、规则。这是要求大家共同遵守的办事规程或行动准则。

1993年，曾因为研究"制度变迁理论"而获得诺贝尔经济学奖的美国新制度经济学代表人物道格拉斯·C. 诺思（Douglass C. North）认为"制度是一个社会的博弈规则，或者更规范地说，它们是一些人为设计的人们互动关系的约束"①。制度作为约束人的行为规则，一方面是自然演化的结果，另一方面是人为设计的结果。②一般来说，"制度"是指具有普遍约束力的规则，由强制力保障。广义的制度还包含运行机制。

"制度"形态多样，诸如宗教、政治、经济、文化制度不尽相同。法律制度是制度的一种，是具有普遍约束力的规则体系，由各种规定权利、义务的规范构成，具有国家强制性。这是从外延来解释的一种观点。法律制度的内涵以及与其他制度的区别就体现在"法律"这个核心词上，只有理解"法律"的含义，才能对某项"法律制度"有全面的把握。

（二）"法""律"和"法律"

从字面意思来看，我国的古代汉语中，"法""律"与"法律"三个概念都有各自的含义。据我国历史上第一部专门系统分析字形、考究字源的文字学著作《说文解字》考证，"法"的古体字是"灋"。"法，刑也，平之如水，从水。廌，所以触不直者去之，从去"，表明法与刑相通，且具有公平、正义的内涵。律的含义，《说文解字》谓"律，均布也"，律是音阶高低确定的标准，也可以是规则、规范的含义。《唐律疏议》指出："法亦律也，故谓之为律。"可见，在我国汉语词义中，"法"是体现正义的规则，"律"也是规则、准则的意思。"法"与"律"合在一起作为"法律"这一合成词，在古代文献中偶尔出现过，但主要是近现代的用词。无论是"法""律"，还是"法律"，都有规则、准则、规范的含义。

"法律"是指由国家制定或认可的依靠国家强制力保障实施的，反映特定物质生活条件所决定的统治阶级意志，规定权利义务，以维护社会秩序为目的的规范体系。③

---

① 诺思.制度、制度变迁与经济绩效[M].杭行，译.上海：格致出版社，2016：3.
② 布罗姆利.经济利益与经济制度：公共政策的理论基础[M].陈郁，郭宇峰，汪春，译.上海：上海人民出版社，1996：55.
③ 沈宗灵.法理学[M].4版.北京：北京大学出版社，2014：3.

（三）法律制度作为概念所涵盖的一般、本质的含义

如上述，"制""度""制度""法""律""法律"的含义都是规则、规范，那么这些概念合在一起组成"法律制度"的本真的含义同样应当是规则、规范。也就是说，"法律"和"法律制度"的含义相似，都是指规则、规范体系。"法律制度"是"复数"的法律存在形式，大致等同于"法律体系"。因此在汉语构词法上，法律大致就是制度，或者说制度大致就是法律，把法律与制度合并起来形成"法律制度"一词，表达的是一种反复强调。

另外，法律制度是指制度体系，在微观上是可以分为具体的制度的。此时，如果用"法律"一词，则是比较具有整体性和系统性的概念，而"法律制度"则是可以进行微观具体解构的。比如，不能说"立法法律""司法法律""执法法律"，但是可以说"立法制度""司法制度""执法制度"。我国不采用传统的公、私法分类理论和方法，而采用"中国特色社会主义法律体系"的构建理论和划分标准。①鉴于"法律"和"法律制度"的含义相似，"法律体系"在一定意义上就是指"法律制度"，而"法律制度"在一定程度上就是"法律体系"，包括法律原则、法律规范、法律文本等，可以由具体的制度填充。

二、法律制度的内涵

法律制度不同于别的制度的根本标志就是它具有法律的核心内涵。什么是法律的核心内涵？美国法律哲学家博登海默（Bodenheimer）比较了各法哲学流派的观点，做了系统的阐述。

（一）法律制度是正义和秩序的结合体

博登海默认为："法律是正义和秩序的综合体。"②

正义核心的内涵是"相同情况获得相同待遇"，其可以概括为三个方面

---

① 李林，莫纪宏. 中国法律制度 [M]. 北京：中国社会科学出版社，2014：11.

② 博登海默. 法理学：法律哲学与法律方法 [M]. 邓正来，译. 修订版. 北京：中国政法大学出版社，2004：330.

的要求：安全、自由和平等。秩序的含义就是有序性。"正义需要秩序的说明才能发挥它的一些基本作用。"①任何一项法律制度包括生态修复法律制度在内，都需要依据正义和秩序的原则制定，并且反映出正义和秩序的要求。

（二）法律制度具有命令性与社会性

根据博登海默的观点，法律制度具有命令性与社会性。命令性体现为主权者（政府）颁布的，其认为可以实现法律制度上述价值的命令或训令，并要求人们严格服从；而社会性体现的是社会全体成员所遵守的安排、日常惯例以及正义原则的集合体，而不是主权者所发布的命令总和。法律制度具有这两种要素，也会出现两种可能的情形：一是主权者颁布的法律制度并不能完全代表社会成员的利益和愿望，这样的法律制度施行起来会存在一定的困难和问题；二是政府在颁布法律制度时会注意到并遵循正义的基本命令，其正式法典所基本反映的也是人们的普遍信念。另外，一些社会安排和管理也可能与公共秩序的要求完全相符。在一个民主制度中，政府法律制度同社会成员利益间的潜在分歧，可以通过普选立法机构的方式被降低到非常小的程度，因为根据这种方式当选代表的首要义务就是忠实地反映和表达社会成员的希望和需要。②因此，主权者制定的法律制度与社会成员的希望和利益并不总是存在分歧的，在民主的体制下，二者可能是一致的。

本书在此谈论海洋生态修复制度应当被立法明确，就是基于现实中广大人民对海洋生态保护的现实需要和利益要求，反映了海洋生态正义和生态秩序。政府颁布法律制度的功能不仅仅是反映和记载社会民众的意志、观点和习惯。海洋生态问题产生于人们对海洋不恰当的开发利用经济活动之中，根源是不遵循海洋生态规律，过于追求经济利益忽视海洋生态保护的不可持续的发展方式。海洋生态保护的重要性和必要性毋庸置疑，通过立法确立海洋

---

① 博登海默．法理学：法律哲学与法律方法 [M]．邓正来，译．修订版．北京：中国政法大学出版社，2004：330.

② 博登海默．法理学：法律哲学与法律方法 [M]．邓正来，译．修订版．北京：中国政法大学出版社，2004：330.

生态修复制度，修复受损的海洋自然生态以及社会生态符合人民的利益，也是对人们利用海洋的生活方式和发展方式的修正。

（三）法律制度具有有效性和制裁性

第一，法律制度具有有效性。只有具有有效性的法律制度才能达到实效性的目的。法律制度的有效性是指它对指向的人具有约束力，法律制度的实效性是指它能够被真正遵守。具备有效性的法律制度应当尽可能地代表合理与正义，并且经过了严格的有效性识别机制的认可与考验，如该法律制度的制定经过了正当的立法程序。

第二，法律制度具有制裁性。法律制度制裁性的目的就在于强迫"行为符合业已确立的秩序"①。对于法律制度来说，如果缺乏正义，就不可能得到人们的普遍拥护，如果大多数公民不愿意遵守该法律制度，那强制就会变得毫无意义；相反，如果一个正义的法律制度能够赢得人们忠实服从，那么这个法律制度也就无须辅之以制裁了。但是，由于人和制度都有不足，所以，法律就不可能不用强制执行措施作为其运作功效的最后手段。②虽然法律规范并非均为强制性规范，还存在着大量的任意性规范、授权性规范，但是从整体上来说，强制性仍然是法律制度的一个重要特征。

综上所述，法律制度是公平、自由、平等、有序的综合体，法律制度所体现的主权者的命令性与体现社会成员的利益的社会性应当是协调一致的，法律制度具有有效性和制裁性。

这样看来，"法律"是规则体系，"制度"是规则体系，"法律制度"还是规则体系。法律制度本质上就是调整某一类社会关系或者社会关系的某一方面的法律规则的总称。这样的规则体系与其他制度规则体系的不同之处体现在"法"的内涵上，即法具有公平、正义、有序、命令性、社会性、有效

---

① KELSEN H, TREVINO J.General theory of law and state[M].Clark: The Lawbook Exchange, Ltd , 2007: 15.

② 博登海默.法理学：法律哲学与法律方法 [M].邓正来，译.修订版.北京：中国政法大学出版社，2004：369.

性、制裁性的内涵要求。

首先，就功能而言，它在一定意义上约束人们的行为，告诉人们在某项社会关系中，应该怎么做、可以怎么做，其实就是"权利"的含义，不能怎么做、必须怎么做，其实就是"义务"的含义。所以，法律制度本质上也可以说是人们之间的权利和义务关系。

其次，就内容而言，法律制度表征着人们之间关系的某种结构性和秩序性。一项制度如果上升为成文的法律制度，就体现权利与义务的内容要求，且有国家强制力保障实施。广义的法律制度还应包括立法制度和司法制度。

法律制度一旦形成，就具有一定的稳定性，因为法律制度不能朝令夕改。法律制度是为了调整社会关系的需要而产生。值得注意的是，法律制度能满足人们的需要，也可能会限制人们的需要。文明的法律制度的最终目的是满足大多数人的需要，就算是限制，也是暂时的，是为了更好地满足；不文明的法律制度则最终会限制大多数人的需要，就算是满足，也是一时的，最终是为了更好地限制。无论是满足还是限制，法律制度的功能总是在特定社会情境的运行过程中体现出来。

三、法律制度的产生过程

弗里德曼非常看重社会因素对法律制度产生过程的影响。根据弗里德曼的理论，法律制度的产生就是一个"输入—加工—输出—反馈"的过程。

"输入"就是从法律制度一端进来的原料，就是社会对法律制度的各种需求。例如，在判例法系国家，可以是某人为了某种目的，向法院提出控告，法院通过审理，形成判决，在该判决中确立了某项具体规则，成为法律制度；在成文法系国家，可以是某些具有普遍性的利益要求，诉诸具有立法权的机关，经过立法机关的工作，形成了成文的规则，体现为具体的可以行使的权利或者必须遵守的义务。这种社会要求被法律化、制度化的过程就是法律制度产生的过程。

"加工"就是指具有立法权的机关、机构的工作过程。比如，判例法系的法院机构进行的考虑、争辩、审理等工作；成文法系的立法机关审查议案（社会要求）、起草法律草案、表决等工作。

"输出"就是裁决或判决，或者是成文规范、规则的出台。

"反馈"就是输出的法律制度会产生什么样的效果以及如何反过来影响法律制度本身。法律制度产生之后也并非一成不变处于静止状态，体现了社会态度和价值要素的一些社会具体要求会启动法律制度机制，或者相反，使之停止运转。①

四、海洋生态修复法律制度的产生过程

弗里德曼给出了法律制度的产生过程，但是并没有给出法律制度的定义，也没有详细阐释法律制度应当包含的要素。"输入—加工—输出—反馈"的理论作为法律制度产生过程的解释有一定的道理，可以用来解释海洋生态修复制度的产生过程。

伴随着 20 世纪后期人们对海洋资源开发和利用力度的加大，人们明显察觉到了海洋生态系统退化的种种表现，并感知到了这种海洋生产能力的不足，海洋环境容量超负荷已威胁到人们利用海洋的生存与发展，引发人们修复退化海洋生态系统恢复其正常结构与功能的要求。如前文所述，这种要求根植于人们对洁净海水的需求，对海洋捕捞、海水养殖、海洋工程建设的效益需求，对近海人民生命、财产安全的利益需求。这种现实性的迫切需求不是少数、个别人的需求，而是广泛的、公益性的需求，引起了相关人士的关注、研究。之后这种公益性的需求"输入"有立法权的机构，立法机构进行解读、设计、建构，使其法律化、制度化，"加工"成了一种规制如何修复退化的海洋生态系统的法律制度，将其"输出"，人们将这种特定的制度称为海洋生态修复制度。该制度要求凡是进行海洋开发和利用的行为，已经引起或者有引起海洋生态系统结构和功能退化之虞的，必须进行修复。该制度

---

① 弗里德曼.法律制度：从社会科学角度观察[M].李琼英，林欣，译.修订版.北京：中国政法大学出版社，2004：17-18.

的实施会产生什么样的效果、有何需要改进和完善之处，均会通过社会领域和司法领域的实践进行"反馈"，这种反馈内容和来自广大社会民众对修复海洋生态系统产生的新的需求会再次一起"输入"立法机构，开启该制度的新一轮的"输入—加工—输出—反馈"过程。

对具体的环境保护部门法而言，一项环境资源法制度就是指调整某类环境资源工作或活动所产生的法律规范、规则的有机整体，是某类或某项生态环境保护工作或活动的法定化和制度化。[①]环境保护部门法根据环境要素的不同又分为不同的法律领域。海洋生态修复法律制度属于海洋环境资源保护法领域中的一项具体制度，它产生于人们对海洋生态修复工作的现实需要。在海洋生态问题突出、海洋生态功能恶化的情况下，只有开展受损海洋生态的事后修复，才能满足发展海洋捕捞业、发展海水养殖业、提高海岸工程投资效益、保障海洋生态安全及人民生命财产安全的现实需求，最终实现海洋生态文明、建设"美丽海洋"的美好愿景。在海洋生态修复活动中，海洋行政管理部门与海洋开发和利用者、污染者、破坏者、生态利益需求者等不同的主体之间会形成各种利益关系以及权利和义务关系，维护这些关系的和谐有序、解决海洋生态修复中产生的各种社会问题，有赖于强有力的且能体现公平、正义、有序、有效的规则体系，海洋生态修复法律制度应运而生。

所以，海洋生态修复法律制度就是指调整不同主体之间因为海洋生态修复工作或活动而产生的各种权利和义务关系，解决海洋生态修复中产生的各种社会问题，维护海洋生态修复秩序的法律规则体系。

第二节　海洋生态修复法律制度的性质

海洋生态法律制度应当处于海洋生态环境保护的基础制度地位，是一项事后的、综合性、系统性、整体性、强制性的海洋生态环境保护法律制度。

---

① 蔡守秋. 生态文明建设的法律和制度 [M]. 北京: 中国法制出版社，2017: 93.

海洋生态修复法律制度应当是各种利益关系的调和、各种社会力量的最佳博弈以及海洋生态愿景的达成的现实路径。

一、海洋生态修复法律制度的整体性

整体性强调分析问题的角度，站在一个高度上看问题的全部，海洋生态修复法律制度的设计应当全盘考虑，要摒弃"头痛医头，脚痛医脚"的惯性思维。

（一）海洋生态修复法律制度的整体性根植于生态概念的整体性

如前所述，在对基本概念进行解读时，本书选用了"生态"概念而舍弃了"环境"概念就是因为环境概念不具有整体性。环境通常是指围绕着中心事物的外部条件总体。环境概念是不包括中心事物在内的，所以谈及该概念时要考虑以哪种参照物为中心。而生态概念就是生命体加上非生命体的全部，无论是以人类为中心事物还是以某种其他生命体为中心事物抑或是以整个生物界为中心事物，都不影响生态概念的整体性特征。

人们修复的是海洋生态的整体，而非舍弃了某些在海洋环境概念中用作中心事物的要素，凡是遭受损害的生态要素，无论是生命要素还是非生命要素都可以作为修复的对象。

（二）海洋生态修复法律制度的整体性决定于海洋生态系统的整体性

和陆地生态系统的构成要素的相对静止性特征不同，海水无时无刻不在流动，使得海洋生态系统的整体性特点更加鲜明。陆地生态系统是以岩石层为基底的固态环境，矿产资源是固定的，生物资源也基本上定着在陆地上。对陆地生态系统保护的基础是不动产资源产权制度，如在我国宪法和物权法规中都明确规定了土地、矿藏、森林、草原、水流等国家所有权制度。因为可以明确界定客体的范围，用产权理论来保护陆地生态系统可以充分发挥作用。就算是生态修复工作，人们也可以根据需要对陆地生态系统进行块域划分。但是海水是流动的，鱼类是游动的，产权的客体范围及量的多少很难确定，如海水中蕴含的海盐资源和渔业资源并不固定。因此，不能生搬硬套陆地生态系统保护的产权理论来保护海洋生态系统，要依据海洋生态系统结构和功能的特点建构海洋生态法律制度。

生态系统具有整体性，生命体和作为生命支持系统的无机环境缺一不可。无论是对于生命体的破坏还是对于无机环境的污染都会或多或少地引起海洋生态系统结构和功能的退化。人与生态的矛盾催生了生态保护法律制度。海洋生态环境的整体性是讨论海洋生态修复制度作为一项整体性的基础制度的客观基础。如蔡守秋教授所言，法律制度设计"不能是哪个需要立法就立法，需要制度构建就构建"①。

（三）整体性要求在海洋生态保护立法中的体现

海洋生态保护的国际立法中有些规定是基于海洋生态系统的整体性要求的。例如，《南极海洋生物资源养护公约》明确提出要积极推动南极海洋生态系统的综合性、整体性研究，要保护南极周围海洋的环境及其生态系统的完整性。《联合国海洋法公约》规定，各海洋区域的种种问题是彼此密切相关的，有必要作为一个整体来加以考虑。该公约第194条也有将海洋生态的生物和生境作为整体来保护的规定。②

二、海洋生态修复法律制度的系统性

系统性是强调分析问题的逻辑性，即一个问题的内部的结构层次和逻辑关系。海洋生态修复法律制度是由法律原则、管理体制、具体制度构成的体系，具有层次性和逻辑性。从系统的角度来看，海洋生态系统是各个组成部分相互关联的整体。为了实现总体目标，开发利用海洋生态资源的各种行为会不可避免地相互影响，彼此协调。③ 这就要求规范这些行为的法律制度也

---

① 蔡守秋.生态文明建设的法律和制度 [M].北京：中国法制出版社，2017：95.
②《联合国海洋法公约》第194条第3款规定："按照本部分采取的措施，应包括为保护和保全稀有或脆弱的生态系统以及衰竭、受威胁或有灭绝危险的物种和其他形式的海洋生物的生存环境而有必要的措施。"
③ 田其云.海洋生态法体系研究 [D].青岛：中国海洋大学，2006.

要成为一个具有内部协调性的体系。

（一）海洋生态修复法律制度的系统性是由海洋客观生态规律决定的

生态系统各生态要素在功能上相互联系、相互依存、相互作用，完成物质回圈、能量流动、信息传递。海洋生态系统中生物因素和非生物因素都具有丰富的层次结构，各自以及彼此之间形成复杂的海洋生态大系统。这个大系统可以分为生物子系统和非生物子系统。生物子系统又可以分为生产者子系统、消费者子系统、分解者子系统等。非生物子系统又称为生命支持系统，依照空间布局、物理特性不同及其对生命的支持功能不同，具体可以分为海底系统、海水系统、海面大气系统等。目前的海洋生态子系统立法有生物子系统的渔业立法，也有非生物子系统的海岛、海域立法等。但是，针对某一海洋事物的单个立法并非将海洋要素割裂开来，根据需要一个一个单独立法。每一项海洋生态立法都是根据现实的保护和规制的需要，针对亟待解决的海洋问题而为，需要考虑到海洋生态的系统性。

人们过度关注海洋生态系统中的某种特定组成成分，会影响该成分与其他成分的互动关系，进而影响整个生态系统的动态平衡。海洋生态系统的整体功能并不是由系统内各要素的单个功能简单相加在一起的，而是各要素功能按照一定的机理相互作用，整合成整个系统的生态功能。海洋生态修复法律制度体系建设也要遵循系统性原理，在制度具体内容表现上要求充分考虑生态系统要素在修复过程中的相互作用。技术性规范和生态标准是生态修复法律制度的重要组成部分，且应当占据相当重要的地位。构建海洋生态修复法律制度不能割裂开来建立生境的修复制度、生命体的修复制度或者某个生态系统的修复制度，要将整个海洋生态系统作为整体设置，将生态修复制度定位为整体海洋生态系统的基本制度，遵循相同的原则、管理体制、主体客体标准，只是在具体规范方面有所不同。

（二）海洋生态修复法律规范体系的系统性

海洋生态修复法律制度的系统性是由海洋生态系统的系统性决定的。海洋生态修复法律制度是调整生态修复活动中产生的各种社会关系的法律规则的总和，是一个体系性的范畴。法律是规范的体系，其结构单元是法律规范。但是所有的规范并非处于同一等级，而是不同效力层级的有序的规范结构体系。上级规范决定着下级规范的创设机关、程序、内容。海洋生态修复法律制度也应当是为了满足海洋生态保护的现实需要，依据一定的上位法律规范的授权，按照一定的条件和程序创设的、由多种处于不同效力层级的具体规范组成的体系。这些由不同部门制定的效力不同的生态修复规范按照一定原则、功能、层次组成相互联系、相互配合、相互协调的体系，该体系结构层次明显，具有逻辑性、统一性、整体性、系统性。

（三）系统性要求在海洋生态保护立法中的具体体现

1. 国内法层面的体现

比如，《中华人民共和国渔业法》第十一条规定，"国家对水域利用进行统一规划"。这就是考虑到海洋生态系统各要素的相互联系和相互作用的系统性。由于海洋生物资源的游动和病害在食物链中的传导，该法第十七条规定了水产苗种的进口、出口检疫的相关制度。渔业捕捞需要遵循海洋生物资源的再生与恢复能力的生态规律，第二十二条规定了捕捞限额的相关制度。另外，根据生态的系统性，该法还考虑到渔业资源与非生物环境之间的相互影响，做了如下规定："在鱼、虾、蟹洄游通道建闸、筑坝，对渔业资源有严重影响的，建设单位应当建造过鱼设施或者采取其他补救措施""从事养殖生产应当保护水域生态环境，科学确定养殖密度，合理投饵、施肥、使用药物，不得造成水域的环境污染"等。

2. 国际法层面的体现

在国际性法律文件中，1995年《执行1982年12月10日〈联合国海洋法公约〉有关养护和管理跨界鱼类种群和高度洄游鱼类种群的规定的协定》呼吁各缔约国维护海洋生态系统的完整，除了要遵守《联合国海洋法公约》关于海洋生物资源利用、养护的规定之外，在管理鱼种的方式上还要具备系统性眼光和管理的具体方法。1995年联合国粮农组织的《负责任渔业行为守则》规定了运用生态系统方法的负责任渔业行为的原则和国际标准，以有效养护、管理和发展水产资源，维护生物多样性。2001 年《关于海洋生态系统负责任渔业的雷克雅未克宣言》强调对海洋渔业生态系统整体性的认识和渔业生态综合管理方法的运用，并进行了以下确认：①确认将生态系统考虑纳入渔业管理的目标；②确认进一步关注海洋生物物种之间的相互影响；③确认了解人类活动对生态系统的影响；④确认渔业资源与无机环境及其他海洋生态系统成分之间的互动关系的重要性。

以上规定对捕鱼活动的控制其实也包含了海洋渔业生态修复的内容。比如，2006 年，第 61 届联合国大会关于"海洋和海洋法"议程项目指出，要"通过 1995 年《执行 1982 年 12 月 10 日〈联合国海洋法公约〉有关养护和管理跨界鱼类种群和高度洄游鱼类种群的规定的协定》和相关文书等途径实现可持续渔业"。呼吁各缔约国对各种鱼类种群包括对跨界、高度洄游和公海离散鱼类种群采取审慎方法和生态系统方法进行开发、管理和养护；鼓励各国更多依靠科学理念来制定、通过和实施养护和管理措施，采用审慎方法和生态系统方法进行渔业管理，以确保海洋生物资源的长期养护和可持续利用；鼓励各国采用审慎方法和生态系统方法，处理副渔获物、污染、过度捕捞和保护生境等具体关切问题。

以上国际法律站在海洋生态系统的高度，通过立法规定将综合的海洋生态系统管理方法运用于渔业资源的开发捕捞，也运用于生境的保护以及渔业捕捞的限制和养护，其实也就是渔业生态修复的内容。一些区域渔业管理组织在各自领域海洋生物资源养护和管理中融入了综合生态系统因素，以实现《负责任渔业行为守则》，通过恢复渔业资源和海洋环境，修复海洋生态系统。

3. 实践层面的体现

在实践层面，目前全球性的大型海洋生态系统项目主要由全球环境基金提供资金，由联合国环境规划署、联合国粮农组织、国际海事组织、联合国教科文组织下属机构政府间海洋学委员会和世界银行等机构实施。这些项目的主要任务是在海洋环境管理中采取生态系统方法，以解决过度捕捞、因过度捕捞导致的食物链断裂、生境破坏，保护脆弱海洋生态体系以及修复破损的海洋生态系统问题，既考虑到了人类利用海洋发展的需要，又考虑到了海洋生态自身健康发展的需要。

三、海洋生态修复法律制度的义务本位

以何种事物为本位就是以何种事物为中心。法律制度是通过权利和义务的设定来调整社会关系的，权利和义务是法律关系的核心内容。简单来说，权利就是指为了实现法律保护的利益，人们为或不为某种行为的自由，义务就是为或不为某种行为的约束。权利和义务二者的关系极具辩证意义。一般来说，法律的发展历程先是通过义务的规定来调整社会关系的，而到了现代社会，则是通过以权利为本位的制度设计来重塑人的主体性。[①] 相对于奴隶社会、封建社会法律为了维护专制统治的需要而以义务为本位的制度设计，近代西方自由主义法律尤其私法法律制度体系是以权利为本位、为核心的，就算有义务的设定，也是为了保障权利的实现。这种制度设计以人性为出发点，是为了满足人类文明发展的基本需求，是近代文明的组成部分。

（一）生态环境保护性的法律制度都应当是以义务为本位的

不同于其他部门法，生态环境保护法应当以义务为本位。义务之于权利，更应该成为生态环境保护的着眼点和着力点，即使设定了一些权利（如排污权）也是为了说明生态环境保护的义务的。

这一点可以从操作层面解释。用"生态环境权利的伸张来抵制生态破坏和环境恶化"的操作思路是"在生态环境保护法律上设置权利—权利主体主张权利—国家机关或者其他组织救济权利"。如前所述，由于生态环境具有公有性、公益性和消费的非排他性，且生态环境权利和公民其他基本权利比较起来与个体联系不够密切，这种"设定—主张—救济"的路径不能实现对生态环境的有效保护。如果采用义务的操作方法"设定—执行—履行"，即

---

① 葛洪义.法理学[M].3 版.北京：中国人民大学出版社，2011：41.

法律设定生态环境保护义务—政府执行法律—义务主体履行义务，则法律规定的义务主体的义务，不是要求其对具体的权利人履行什么，而是对生态环境或者人类生存条件做些什么。[①] 这一点也符合生态环境的共有、公用、公益、整体性的特性表现。以环境保护义务为本位是为了保证和实现最广大人民的环境权利，此种环境保护法律制度的设计，同样体现了制度文明，是用制度文明来保障人类生态文明的实现，也是现代文明的组成部分。

生态环境保护法虽然是调整围绕生态环境资源开发、利用、保护而产生的人与人之间的关系，但是人与人之间的关系是以生态环境资源为媒介的，直接体现为人与自然的关系。法律的目的是通过达成人与自然的和谐，来实现人与人关系的和谐。人与自然的关系的实质是，客观的自然被动地支持人类生存和发展。人类主动开发和利用自然，当然，也要保护自然。人类无论是开发、利用自然，还是保护、修复自然，都要体现出义务的要求。

1. 开发、利用自然要体现义务的要求

开发、利用生态环境资源看似体现为各种权利，如探矿权、采矿权、海域使用权、捕捞权、狩猎权、砍伐权，但是和一般的权利行使不同，行使这些生态环境资源开发、利用权利的背后是有严格的生态环境保护义务的。因为自然是有阈值的，自然有枯竭的时候，污染容纳量也有穷尽的时候，所以自然资源利用权也要注意在阈值的要求之下的约束，不能单纯强调权利。

2. 保护自然更要体现义务的要求

相对于开发、利用自然能够带来现实的、实时的巨大利益而言，保护自然需要保护者消耗巨大的时间、金钱、精力代价，是一种不经济的承担。人是经济人，在利益得失的衡量中是理性的、利己的，人们往往乐意做能为自己带来利益的事情，而逃避或拒绝做不能为自己带来利益的事情。因此，要求人们在开发、利用自然的同时承担起生态环境保护、修复的职责，是一种束缚，是义务性的。

人们还应当知道，生态环境保护工作对于生态环境保护义务主体来说虽

---

① 徐祥民，田其云. 环境权：环境法学的基础研究 [M]. 北京：北京大学出版社，2004：75.

然是一种约束，是一种现实的、实时的无利益，但是保护蕴含的经济利益和生态利益却是潜在的、长远的、巨大的和公共性的。

（二）海洋生态修复法律制度的义务本位的决定因素

生态修复属于生态环境保护的内容之一，是针对受损的生态环境开展的事后保护性手段。海洋生态修复法律制度作为环境保护法律制度的有机构成部分，制度设计同样要体现义务本位的要求。

1.海洋生态问题的本质决定了海洋生态修复法律制度的义务本位

海洋生态系统是有生态阈值的，这是基本的海洋生态科学规律。生态阈值的存在也为人类的活动限定了范围。正是因为人类海洋活动的能力越来越强，对海洋的作用超过了海洋生态系统的阈值，才引起了海洋生态问题。

首先，海洋资源是有限的。海底石油属于千万年间的沧海桑田变化累积的化石能源，是不可再生的，石油的储备量决定了人类的可采量；渔业资源、红树林资源、海藻资源等虽然属于可再生资源，但是它们的更迭再生按照生态规律也是有速度和数量限制的。海洋生态资源的承载力是有限的，人类的开发、利用不能突破限制，超出自然资源再生能力会导致海洋生态被破坏。

其次，海洋生态系统对污染物的容纳能力和自净能力也是有限的，这就给人们生产和生活中向海洋的排污行为设定了限制，数量上不能突破海洋的纳污能力，速度上不能超过海洋通过海水流动、洋流交换、生物降解等决定的自净能力。目前海洋生态问题的本质就是人们开发、利用海洋生态资源超过了生态系统再生能力，甚至有些资源是不可再生的，人们向海洋的排污超过了海洋的容纳和自净能力。通俗来说就是人类向海洋施以的"索取"和"给予"行为超出了海洋的生态极限。

海洋存在生态阈值的客观情况要求人们须奉行自我限制和自我约束理念对待海洋。设计海洋生态修复法律制度来应对海洋生态问题，就是要用法律手段限制超出海洋生态承载范围的人类活动及其造成的海洋生态危害，将海洋生态恢复到其阈值范围之内。在人类与海洋生态系统的关系中，人类是施以各种修复活动的主动者，海洋生态系统是被动者。为达到修复目标，人类必须限制自己的欲望，不论是禁止、限制开发、利用海洋生态系统，还是边开发、边修复或是边修复、边开发，都要求考虑海洋生态系统承载能力和环境容量的有限性，来限制人类无限的欲望。这种遵循法律制度的自我限制、自我约束本身就是法律义务。

2.海洋生态修复的性质属于义务性的要求

海洋生态修复是环保法"损害担责"原则在具体制度中的体现。此处的"损害担责"是指造成生态环境损害应当承担什么样的法律责任。"损害担责"不仅应当包括刑事责任、行政处罚责任以及民事侵权损害赔偿责任，还应当包括"生态修复责任"。法律责任是以义务为前提的，是由侵犯合法权利或者违反义务而引起的、由专门机关或组织认定的、由法律关系主体承担的、带有直接强制性的义务。①

首先，生态修复本身应当是一种生态环境保护的责任形式，是指主体在开发、利用生态环境过程中违反了保护的义务，损害了生态环境，被强制要求承担修复生态环境的责任。其次，生态修复也可以指一种义务，就是指主体在享有生态资源开发、利用权利的同时还负有对在此过程中被破坏的生态进行修复的义务。《中华人民共和国海洋环境保护法》第四十二条规定，对遭到破坏的具有重要生态、经济、社会价值的海洋生态，应当进行修复。这条规定表明海洋生态修复被确立为法定义务。

海洋生态修复无论是法律责任还是法律义务抑或二者兼具，都能说明该制度所体现出的义务性本质要求。

3.海洋生态修复的目的决定了相关法律制度的义务本位

正如前文所指出的，海洋生态修复具有不同的目标种类，但其最终的目的或者根本目的是在修复海洋生态系统中做到合理开发、可持续利用，实现人与海洋和谐相处。也就是说生态修复的目的之一是修复海洋生态，使之恢复到健康、安全状态，另一目的是通过修复人与海洋之间的关系，来修复人与人之间因海洋开发、利用而产生的不和谐关系。

---

① 李清伟.法理学[M].上海：格致出版社，2013：102.

为了使海洋生态恢复到健康、安全的状态，达到人与海洋和谐共存的目的，设计海洋生态修复法律制度，应遵循海洋生态规律，创建各种具体的法律制度，以减少资源掠夺、环境污染，修复海洋生态系统，直至海洋生态系统能够承载人类活动。这是在履行海洋生态保护的义务。

4.海洋生态修复的内容决定了相关法律制度的义务本位

海洋生态修复制度是基于维持海洋生态系统健康、安全的要求，对受损的海洋生态环境开展的事后性救济措施。要采取综合性手段，修复受损的海洋生态系统结构、维持海洋生态服务功能，并赔偿或补偿利益相关者因海洋生态损害而遭受的利益损失。

赔偿或者补偿海洋生态利益相关者的损失是法律规定的生态责任，是具有约束力的要求，综合性的海洋生态修复手段也无不体现出义务性的要求。比如，《中华人民共和国海域使用管理法》规定的"国家实行海洋功能区划制度。海域使用必须符合海洋功能区划"，就体现了这种在海洋生态系统极限边界内通过限制人类活动来满足人类需要的制度安排。《中华人民共和国渔业法》第二十二条规定的限额捕捞制度、第二十三条规定的捕捞许可证制度、第三十一条规定的"禁止捕捞有重要经济价值的水生动物苗种"、第三十二条规定的关于防治各种建设对鱼、虾、蟹洄游产生不良影响等，都是保障海洋渔业资源修复能力的制度设计，所体现的基本精神是义务，给人们拥有、开发海洋生态系统的行动划定了边界，强调不要突破渔业资源再生产能力的极限边界。[①] ①捕捞许可证制度是捕捞资质的准入制度，这样就限制了一些人的捕捞欲望，只允许具备捕捞资质的捕捞者进入渔业资源的开发、利用领域，许可证的发放与管理由国家渔业行政主管部门负责。②渔业开发捕捞量必须低于渔业资源增长量，因此，人们必须约束自己利用海洋生态系统牟利的欲望。捕捞量的设定与监督由国家各级渔业行政主管部门负责。③关于限定捕捞方法、休渔、禁止捕捞渔业苗种的规定是在传达不可进行

---

① 徐祥民.极限与分配：再论环境法的本位 [J].中国人口·资源与环境，2003（4）：23-26.

"涸泽而渔""一网打尽"的捕捞行为，要限制自己目光短浅的捕捞欲望而保持渔业资源的可再生能力、可持续增长。捕捞利益的分配其实更是养护增殖义务的分配，从事渔业资源开发、利用的行为必须肩负渔业资源修复增殖的义务，行政管理部门也同样肩负着修复、增殖渔业资源的批准、管理、监督义务。

5. 国家海洋管理职责的设置决定了海洋生态修复法律制度的义务本位

20 世纪 50 年代开始，全球性的环境问题频发，国家通过立法应对环境问题。从早期的针对性立法、污染防治立法到后来进行的全面的、基础性、综合性立法，并且强调自身作为生态环境法律关系的管理者主体地位，身负海洋生态资源管理、保护、修复等多项职责。国家在海洋生态资源管理保护领域的职责设定来源于环境资源"公共信托"理论。大气、水流、日光等环境要素是全体人民的"公共财产"，任何人不能任意对其占有、支配和损害，共有人为了合理利用和保护共有财产，将其委托给国家保护和管理。国家和人民之间的关系是受托人和委托人之间的关系，作为受托人的国家有责任为全体人民的利益对受托财产加以保护，即国家应该作为全体国民的受委托人管理好环境资源，受托人如果滥用委托权，未经委托人同意处置此项财产，或由此而对委托人造成侵害，则应承担法律责任。[①] 依据信托理论原则，国家作为海洋生态资源受托人的信托责任包含两个核心的责任——管理保护信托财产以及修复受损害的信托财产。[②] 在海洋生态修复中同样涉及海洋生态资源管理权的问题，如对海洋自然保护区的管理、禁渔期、禁渔区、休渔区等的划定和管理等。国家对于海洋生态修复中的管理权与其说是权利不如说是义务（就算并非要求国家亲自实施海洋生态修复行为，但是政府应当作为生态修复的组织者和监督者），权利的设置也是以履行修复海洋生态系统的义务为出发点的，最终要落实到海洋生态系统是否得以修复和修复质量上

---

① 蔡守秋. 环境资源法学教程 [M]. 武汉：武汉大学出版社，2000：233.

② WOOD M，何秋. 大气修复诉讼：让大型化石燃料公司负责重建一个适居的气候系统 [J]. 经济与社会发展，2016（2）：39-41.

来。在具体的运作过程中，各级行政管理部门及其工作人员代表国家行使海洋生态资源管理权，并通过各层责任制（如省长责任制、县长责任制、部门负责人制度等）来落实海洋生态保护责任，并作为绩效考核的依据。各级行政管理部门及其工作人员行使国家海洋管理权和履行保护海洋的职责是"两位一体"的关系，履行职责就是行使权力，行使权力也是履行职责。这种制度设计就是义务性的，具体体现在以下几个方面。

一是在国际立法中，国家参与海洋保护的国际法谈判、缔结，并承担相应的海洋生态保护责任。各国行使国家海洋管理权、开发和利用海洋资源、保护海洋生态环境义务、修复退化海洋生态系统的过程就是在执行国际法规的要求。

二是在国内立法中，如我国《中华人民共和国海洋环境保护法》第四十二条规定，对遭到破坏的具有重要生态、经济、社会价值的海洋生态系统，应当进行修复。

三是国家海洋生态修复管理监督权的具体内容体现了国家职责和义务。例如，应当实施海洋监测制度，具体要求就是建立监测站、监测网，实时动态监测；实施海洋统计制度，具体要求就是建立原始记录、统计账目；实施信息公开制度，具体要求就是定期和不定期地发布统计、监测信息，接收信息，反馈信息。及时开展海洋违法行政处罚也属于职责内容。

第三节 海洋生态修复法律制度的定位

基于海洋的广袤、海洋生态系统的复杂，海洋环境保护制度也丰富多彩。本书认为海洋生态保护制度应当有基本制度和非基本制度之分，海洋生态修复法律制度应当处于海洋生态保护的基本制度地位。

一、海洋生态修复制度具备成为基本性法律制度应当满足的条件

（一）环境保护基本性法律制度应当具备的条件

环境保护基本性法律制度是指按照环境法基本理念和基本原则确立的、普遍适用于生态环境保护各个领域的法律规范的总称。[①] 比如，环评制度、许可制度、税费制度、环境标准制度均是基本制度，具有普适性。而环境法的特别制度（非基本制度），则是指为实现法律的某些特定目的而确立的具有特殊性和针对性的法律制度。具体到某个环境要素保护的单行法领域内的制度，也应当有基本制度和非基本制度的区别。成为环境保护基本制度应当具备两个条件：一是特定性，即环境法律部门规范所独有，具有能显著区别于其他法律部门规范的特征；二是普遍性或完整性，即该制度在本部门法中处于主导和决定地位，在某特定方面甚至在全部的环保法律规范中具有代表性。如果某一制度仅起辅助和配合作用，或是法律化程度有限，或是仅作为试点性制度而尚未普遍开展（如排污权交易等），则不宜作为环境保护的主要制度。

（二）海洋生态修复制度符合基本性法律制度的条件要求

在海洋生态环境保护单行法领域内，海洋生态修复制度就应当是基本制度，因为其符合成为基本制度的条件。

1.海洋生态修复制度是生态环境保护性法律所独有

"生态修复"的对象、目标、内容、手段、法律责任等都决定了该制度不可能被其他部门法所包含。

2.海洋生态修复制度具有完整性

海洋生态修复制度在海洋生态环境保护中起主导作用，是海洋生态保护重要的事后救济手段，也是能直接达到生态保护终极目的的制度。其他事后救济如生态补偿、赔偿都不能最终达到恢复健康、安全生态的目的，只能达到对受害人片面补偿的目的，但是对生态无益，或者只能作为生态修复的一

[①] 汪劲 . 环境法学 [M]. 北京：北京大学出版社，2006：198.

个环节，支撑生态修复的资金来源，要想达到修复生态的目的，要有更全面的、整体的生态修复制度。

3.海洋生态修复制度具有普适性

海洋生态修复不是少数人的利益需求，而是大多数人的需求，是一种公益需求，涉及公共利益和国家利益。海洋生态修复法律制度建立在满足广泛的社会需求基础上，与海洋开发利用相关的行为都有可能适用该制度。有海洋开发和利用的情况就有海洋生态保护的任务（包括海洋无机环境的污染防治、海洋生物资源的保护、特殊海洋生态系统的整体保护等），就有要求对退化海洋生态系统修复的可能。海洋生态修复法律制度就是应公众对受损海洋生态系统修复的要求而设计的，是调整围绕海洋生态修复而形成的各种社会关系的法律规范体系，用以规制海洋生态修复活动，对海洋生态系统保护具有普遍性的规制、指引意义。开发、利用海洋的单位和个人需要严格遵守海洋生态修复法律制度，这一制度应当处于海洋生态保护基本法律制度的地位。

《中华人民共和国环境保护法》将生态修复制度作为生态环境保护的基本制度，第三十条规定："开发利用自然资源，应当……依法制定有关生态保护和恢复治理方案并予以实施。"第三十二条规定："国家加强对大气、水、土壤等的保护，建立和完善相应的调查、监测、评估和修复制度。"所以，环境保护基本法确立了生态修复制度作为包括海洋在内的各种环境要素保护和改善的基本制度的地位。

二、"生态"概念的内涵决定了生态修复法律制度具有基本制度的性质

"生态"概念涵盖范围之内的要素的污染与破坏问题都需要面临被修复的可能；涉及污染、破坏、资源开发和利用的领域有造成生态环境退化的风险的，都应当制定修复法律制度，并要求人们遵守。

《中华人民共和国海洋环境保护法》是海洋生态环境保护领域的基本法。

该法采取了将环境污染和狭义的海洋生态保护分开规定的立法体例，将生态修复制度的相关规定设置于狭义的生态保护部分，而没有涵盖污染防治部分。海洋无机环境的污染影响的减弱与消除也应是修复的内容。

三、生态系统的系统性和整体性需要将海洋生态修复法律制度设定为基本制度

目前，在海洋生态修复实践中存在的主要问题是对海洋生态修复整体性考虑不足。在生态环境保护领域，尤其是在海洋保护领域，一直都存在着部门利益冲突、博弈以及分割管理的情况。但是海洋生态较强的系统性与整体性恰恰需要不同管理部门高度协调配合。只有作为基本性法律制度，才能协调海洋生态修复中的各种利益冲突。

首先，海洋生态修复与海洋利用带来的经济利益之间存在着表面的冲突。开发、利用海洋能产出快速的、现实的、巨大的经济利益，但是海洋生态修复却需要付出巨大的经济代价，且效益是潜在的、遥远的。其次，对于生态修复工作来说，其中存在着不同行政区域和不同行政部门间的利益冲突。越来越多的地方行政区域管理层意识到了生态退化给当地经济可持续发展和社会稳定带来的巨大影响，加之国家政策的推动与生态绩效考核的压力，地方政府越来越重视生态修复的重要性。但是，海洋生态系统的整体性使其不可能因县、市的分界而分割。因此，在海洋生态修复中应重视局部利益与整体利益的协调。

在处理海洋生态修复活动中产生的部门利益冲突问题上，人们必须打破一直以来的简单分派模式，增强部门间和部门内部的联合协作机制。行政部门往往希望生态修复立即见效，但生态修复是需要严格遵循生态学基本规律的，如在有些生态系统退化严重的地区，往往需要几代人不懈努力长期坚持修复工作才能使生态明显改善。所以，人们要充分认识到在遵守生态规律的前提下如何通过修复获得长期的海洋生态利益；要确定科学的、详尽的短、中、长期海洋生态修复的目标；要有科学可行的生态修复效果评价考核机

制。这些都需要有一套系统、科学的海洋生态修复法律制度保障。

综上所述，要在海洋生态修复中处理好部门之间利益、局部利益与整体利益、短期利益与长期利益的关系，要有一个从整体上关怀海洋生态修复的法律制度，而能够兼顾这些利益并且协调这些利益冲突的法律制度应当处于海洋生态保护基本法律制度的地位。

四、从法律制度的分类看海洋生态修复应当处于基本法律制度地位

（一）环境保护基本法律制度的分类

我国的环境立法通过总结多年来环境保护行之有效的做法，并借鉴外国环境立法的成功经验，确立了一系列基本法律制度和措施以应对环境污染、生态破坏以及保障合理开发和利用自然资源。由于生态环境要素众多，生态环境保护领域广泛，环保法律制度非常庞杂，对环境保护基本制度的分类也各自为据、不尽相同：有的学者没有对环境法的制度进行分类，只是按照适用上的先后关系，将环境法律所确立的重要制度笼统地罗列在一起并分别予以论述[1]；有的学者按照环境行政的不同领域和单项环境法律规范的适用范围，将环境法律的重要制度分为污染防治型、生态保护型和自然资源管理型几大类[2]；有的学者按照环境法律制度或措施的性质，将环境法律中具有共通性的重要制度分为事前预防类、行为管制类、经济刺激与市场类以及事后救济类四大类，然后再就各大类中的具体制度加以论述[3]。

（二）海洋生态环境保护法律制度的分类

海洋生态环境保护法律制度是指围绕海洋环境基本法建立的，调整在海洋生态资源的开发、利用、保护和管理以及污染防治过程中的各种特定社会关系的一系列运行机制及规则系统。[4] 海洋生态环境保护法律制度的基本制

---

① 韩德培.环境保护法教程 [M].8 版.北京：法律出版社，2018：153.

② 金瑞林.环境法学 [M].4 版.北京：北京大学出版社，2016：56.

③ 汪劲.环境法律的解释：问题与方法 [M].北京：人民法院出版社，2006：323.

④ 马英杰.海洋环境保护法概论 [M].北京：海洋出版社，2012：45.

度是海洋制度系统中核心的组成部分，也是关系海洋事务管理基本的办事规则和行为准则的总和。

目前，我国学术界和实务界对海洋生态环境保护法律制度基本制度的分类并没有形成一致的观点，多数是借助于环境法基本制度的分类方法而展开的。虽然海洋生态环境资源是环境资源的重要组成部分，但二者在内涵和外延上截然不同。有关海洋生态环境保护基本法律制度存在以下观点。

有的学者认为，按照海洋生态环境保护法律制度或措施的性质，可将海洋生态环境保护中具有共通性的重要制度分为事前预防类、行为管制类、影响与诱导类以及事后救济类四种类型。[1]事前预防类海洋环境管理制度包括海洋规划制度、海洋环境影响评价制度、海洋环境质量标准制度；行为管制类海洋环境管理制度包括海洋功能区划制度、污染物排放总量控制制度和现场检查与执法检查制度；影响与诱导类海洋环境管理制度包括排污收费制度、生态补偿制度、生态修复制度和清洁生产制度；事后救济类海洋环境管理制度包括污染事故报告制度、事故应急制度和限期治理制度。[2]

有的学者认为，根据制度的功能分为基础性制度、预防性制度、治理性制度等。基础性制度主要有监测、环境标准制度、自然资源调查、自然资源文件制度等，预防性制度主要有规划、许可、"环评"、"三同时"、生态破坏事故防范与预警制度等，治理性制度有限期治理制度、生态环境建设制度等。[3]

以上两种分类中，第一种分类将生态修复制度放在了影响与诱导类，并不合适。以时间划分，此类制度应当属于事前性的，而生态修复制度属于事后救济性的。即使按照制度的功能进行的第二种分类，本应属于治理性制度的生态修复制度，并没有被提及。

也有学者认为，这一制度体系可以分为海洋资源持续利用法律制度体

---

① 宁清同.海洋环境资源法学[M].北京：法律出版社，2017：90.

② 宁清同.海洋环境资源法学[M].北京：法律出版社，2017：97-117.

③ 汪劲.环境法学[M].北京：北京大学出版社，2006：198.

系、防治污染损害法律制度体系和以保护特殊海洋生态系统为核心的海洋自然保护区法律制度体系。① 海洋生态修复制度既包括污染治理又包括生态破坏治理，具有综合性，这样的分类方法无法正确理解海洋生态修复制度的地位。

（三）从法律制度分类看海洋生态修复制度的地位

本书认为，可以按照功能对海洋生态保护法律制度进行分类，具体可以分为防治性的法律制度体系、事后修复性的法律制度体系以及环境综合行政管理法律制度体系。防治性的法律制度又可分为污染防治法律制度和自然资源利用中的生态破坏防治法律制度。事后修复性的法律制度又包括污染治理的法律制度和生态修复的法律制度。具体海洋生态保护法律制度按照时间先后分类，只能分为损害前的法律制度、损害中或损害后的法律制度。事前的法律制度就是预防海洋生态损害，事后的法律制度就是对已经受损的海洋生态进行修复。从这种简单的分类中可以看出，海洋生态修复法律制度处于我国海洋生态保护的基本法律制度地位。

可以说，海洋生态修复法律制度在一个国家的海洋法律体系中始终处于举足轻重的地位，它将在相当长的时期内对海洋开发的各个领域普遍地发生作用。海洋开发技术越发展，海洋资源衰竭、环境污染、生态破坏等导致的海洋生态系统退化的风险就越大，进而需要修复的海洋生态越复杂，对海洋生态修复的要求就越高，对推进海洋生态修复的保障性制度的要求就越高，海洋生态修复法律制度的作用和意义越突出。这是建立健全海洋生态修复法律制度的现实依据以及价值所在。

五、将海洋生态修复作为海洋生态保护基本法律制度的立法建议

海洋生态修复应当作为海洋生态保护的基本法律制度，本应当由相关法律明确。但是，人们不能建议将海洋生态修复制度写进环境保护基本法。因为，海洋生态修复只是生态修复的一种，除此之外，还有土壤生态修复、森林生态修复等。环境保护基本法不可能把每一项具体要素的生态修复都明确

---

① 田其云. 海洋生态法体系研究 [D]. 青岛：中国海洋大学，2006.

规定为基本制度，而只需规定"生态修复"作为基本制度即可。海洋生态修复制度是海洋生态保护的基本制度，能对之进行专项立法，否则，生态环境保护法规中将出现诸多的冠名以"森林""草原""土壤""海洋"等的庞杂的生态修复法。最可能的做法是，在海洋生态环境保护基本法中明确该项制度，并且进行具体规定，或者通过条例、规章的方式加以规定。本书在这一方面的立法建议如下。

作为基本法律制度，应当明确规定，从事海洋发展的单位和个人应采取具体措施应对开发引起的生态退化。一是从事海洋开发活动的单位提出开发申请时，应对其工程建设、排污情况进行生态风险评估和生态影响评价，提出预防性的应对措施。如果生态影响不可避免，则应当提出补救措施方案，或者异地重建方案。二是海洋监督、监测和监视部门在发现海洋生态系统退化时，应及时向海洋行政管理部门提出修复海洋生态系统的建议。三是海洋行政管理部门应当在一定时期内组织海洋生态系统健康评估和稳定性评估，落实责任人，要求其承担修复责任，确实无法修复的，则提出补救方案或者异地重建海洋生态系统。四是有关部门在审批排污、水产养殖、渔业捕捞和采矿许可证的过程中，应当组织评估海洋生态系统的承载力，提出修复措施，并在许可证中体现防止过度开发和修复海洋生态系统的义务要求。五是对一些需要严格保护的严重退化的海洋生态系统，社会组织、地方政府应当向有关部门申请修复海洋生态系统，建立海洋自然保护区或特别保护区。六是由海洋行政管理部门统一审批、监管、组织评价海洋生态修复工作，那些具有全域性、战略性涉及国家安全的修复方案报国务院审批。

海洋生态修复法律制度是海洋保护的基础性制度，可以在《中华人民共和国海洋环境保护法》中体现总的明确规定。另外，海洋生态系统各具体生态要素的修复工作，可以在相应的更为具体的法律法规中加以规定（如在《中华人民共和国渔业法》中规定渔业资源修复制度等）。在充分考虑这些保护海洋具体成分的法律规范相协调的基础上，最终形成一个海洋生态修复的法律制度体系。

第五章

海洋生态修复的主体及其权利义务

既然法律制度是法律规范体系，则应当包含一系列的内容填充。法律制度应当由众多"次要制度"组成。弗里德曼认为，法律制度应当包括一些"公众明显认为是法律一部分的社会次要制度，包括法院、立法机构和刑事司法制度"[①]。这些次要制度的"共同点在于它们都是制度，以规范或规则运行，与国家相连，或有一个至少和国家行为相类似的权力结构"[②]。可以把法律制度的理想定义想象为一个完美的大圆圈，次要制度是一些比圆圈小的小方块，用小方块去填充圆圈，最后会填充得和圆圈大小大致相等。但是由于方和圆不能完全重合，在圆圈的一些地方仍然没有完全填满，有些地方又超出圆圈边界一些。法律制度是需要各项"具体制度"或"次要制度"来支撑或填充的，这些就构成了弗里德曼所说的"法律制度的结构和内容"[③]，也就是法律制度的"骨架"和"血肉"。

海洋生态环境保护法律制度，是衡量一个国家或地区海洋生态环境管理水平、成效和海洋生态环境保护事业发达程度的重要标志。海洋生态环境法

[①] 弗里德曼.法律制度：从社会科学角度观察[M].李琼英，林欣，译.北京：中国政法大学出版社，1994：12.

[②] 弗里德曼.法律制度：从社会科学角度观察[M].李琼英，林欣，译.北京：中国政法大学出版社，1994：12.

[③] 弗里德曼.法律制度：从社会科学角度观察[M].李琼英，林欣，译.北京：中国政法大学出版社，1994：19.

律制度是海洋生态环境工作或者活动的法定化、程序化和系统化，是保护单位和个人海洋生态环境权益、保证海洋生态环境行政监督管理部门依法履行职权、提高管理水平和工作效率、强化海洋生态环境监督管理的基本手段。

海洋生态修复法律制度是海洋生态环境保护法律制度当中的基本制度，是调整不同主体之间因为海洋生态修复工作或活动而产生的各种权利义务关系，解决海洋生态修复中产生的各种社会问题，维护海洋生态修复秩序的法律规则体系。海洋生态修复法律制度作为海洋生态环境保护的基本法律制度，至少要包含这几个要素：谁修复、谁来监管（监管体制）、修复要遵循什么样的原则、修复资金从何而来、要达到什么样的修复状态（目标、评价体系）、修复中涉及何种法律责任的承担等。为以上问题寻找答案的过程其实就是海洋生态修复法律制度的构建过程。本章首先解决主体的问题，寻找生态修复参与者并确定他们各自的权利和义务内容。这也是构建海洋生态修复法律制度的首要问题。

第一节　海洋生态修复的参与者概述——不同调整视角下的海洋生态修复的主体

任何行为都需要实施者。任何法律上的行为都有实施者。任何法律关系的形成都离不开参与者，即法律关系的主体。从海洋生态修复的含义可以看出，海洋生态系统平衡的恢复或重建可以通过自然本身的恢复能力，使受损的海洋生态系统获得一定程度的恢复，达到休养生息的目的。人们固然要十分重视海洋生态的自我修复能力，但是在人类活动对其改变已经超出海洋生态自我修复能力的情况下，海洋生态修复实践活动应当更加注重发挥人的主观能动性。

一、海洋生态修复制度主体依据的基本理论

法律并不能创造利益，但是能够确认、保障和平衡利益，其通过以下途

径达到秩序维护的目的：承认一定界限范围内，个人、公共和社会的某些利益需求，并通过法律保护这些利益需求，规定人们为了实现这些利益需求，有可以为或可以不为某些行为的自由，这就是将具体利益需求进行抽象的"权利化"，使这些利益需求上升为法律保护的权利，并规定在权利被损害的情况下人们享有可以依法救济的请求权。在环境法领域，存在环境公益与经济个益的协调问题。在市场经济条件下，企业追求个体经济利益的过程具有负外部性，即会损害人们的生态环境利益，既包括个人的环境享受利益，也包括国家生态环境权益和社会公共生态环境利益。上述这些生态环境利益受损者可以向损害造成者提出生态环境利益救济的请求，包括受损个体的生态损害赔偿请求以及国家生态利益和社会公共生态利益的损害救济请求，后两者的救济方式是通过诉讼要求损害者承担直接修复责任或者是金钱赔偿责任，且金钱责任原则上还是要用以生态修复。这个受损生态的救济过程就是法律衡平利益的过程，使损害者担责，使受损者得到救济。所以，生态修复就是法律保障和平衡利益的结果，使损害者担负修复之责，使受损生态得到修复，以保障各权利主体的生态利益。法律衡平生态利益的关键点是确定权利主体和责任主体，让权利者享受权利，让责任者承担责任，这就是生态公平和正义。综上，责任主体的明确是海洋生态修复法律制度建立的重要一步。

（一）生态公平是海洋生态修复主体确认的首要依据

正义，是法律首要的价值追求，处于第一价值位阶。海洋生态环境保护法律制度应当以确认、维护、平衡海洋生态公益与个体经济私益为价值追求。根据罗尔斯的正义论，海洋生态环境保护法律制度正义体现在对海洋生态公益与个体经济私益、生态环境负担与生态环境责任的分配正义上。[1]

海洋生态修复制度是海洋生态环境保护方面的事后救济制度，所包含的治理措施都是事后性的，是对事先预防未奏效情况下的弥补性保护手段。在海洋生态修复中确定责任主体也是一种海洋生态利益的再分配。为了追求经

---

[1] 罗尔斯.正义论[M].何怀宏，何包钢，廖申白，译.北京：中国社会科学出版社，1988：302-303.

济利益造成海洋生态损害的人往往是企业，相对于救济能力低下的受害者个体，处于优势地位，应当为自己的致害行为担负损害赔偿之责，且鉴于海洋生态损害复杂，实行举证责任倒置才能体现公平；在致害人难以确定或者致害人不能完全承担责任的情况下，根据公平原则，国家也应当承担生态修复责任。依据是，国家是海洋生态公共利益的受托人，且国家也同样在海洋开发利用中取得了一定的经济利益（如税收）。生态修复制度的安排应该更倾向于一般公众的海洋生态环境公益，对于实施污染和破坏行为人规定更加严格的责任。

（二）海洋生态修复主体确认的经济学考虑

1. 确定海洋生态修复责任主体以解决海洋生态环境行为的外部性

当经济主体的行为对他人产生的是消极效果就是负外部性，也称为外部不经济性，反之是正外部性。生态环境行为的外部性理论是生态环境法的经济学基础，也是确定生态环境责任承担的经济学基础理论。[①]1972 年，联合国经济合作与发展组织环境委员会提出了"污染者付费"原则，是国际环境法应对负外部性的措施在环境责任规定中的体现，要求污染者为自己的环境负面影响付出经济成本代价，是将外部不经济性内部化了，很多国家将该要求作为本国环境法的一项基本责任原则。《中华人民共和国环境保护法》第六条规定，企业事业单位和其他生产经营者应当防止、减少环境污染和生态破坏，对造成的损害依法承担责任。其目的是应对生态环境行为的负外部性。生态修复也是要求责任者承担的一种解决其失当环境行为对生态环境产生的外部消极影响的责任手段。

2. 确定海洋生态修复责任主体关系到修复实践的成本和效率

法律在注重公平的同时应当注重效率。法律的效率一是体现在法律制度对经济社会的发展能够产生实质的作用，二是体现在法律制度本身的效率。海洋生态修复责任主体是否明确，直接关系到谁来开展这项活动和能否开展

---

① 常纪文，裴晓桃. 外部不经济性环境行为的法律责任调整 [J]. 益阳师专学报，2001（4）：30-34.

这项活动，以及开展修复责任追究的成本和效率问题。例如，美国的《超级基金法》对于责任主体的规定不乏可借鉴之处，但同时应该注意到这种严格的、回溯性的追究责任机制所带来的累讼问题不符合效率的要求。明确海洋生态修复主体，并明确各自的自然内容，一方面可以根据生态公平理念在不同的主体之间合理分配责任，另一方面使各责任主体能够各司其职、按部就班地开展修复工作，有效实现生态正义。

二、海洋生态修复主体的范畴

（一）海洋生态修复法律关系必须是人与人之间的关系

关于生态环境法律关系的主体到底包括什么，一直存在分歧。有的学者认为生态环境法是调整人与自然关系的，法律关系的主体应该包括人和自然事物。[①] 有的学者认为，法律是规范人的行为的规则体系，法律关系是社会关系的一种，只能在人和人之间才能形成[②]，除人之外的其他自然事物是不能作为法律关系的主体的。[③] 本书支持此种观点。

法律关系是在法律规范的指引下的行为关系，是社会行为内容与法的形式的统一，必须是人与人之间才能结成。环境法律关系是人与人之间的与环境有关的行为关系，人与自然的关系不能纳入进来。[④] 必须说明的是，虽然环境法律关系是人与人之间的关系，主体只能是人，但是不能包括后代人，因为后代人尚未出生，不能作为实际行为的现实施行者而与当代人产生关系。

法律关系的主体应当具有社会性和规范性。[⑤] 社会性就是人们根据社会

---

① 蔡守秋教授是这一观点的首倡者，在其代表性著作《调整论：对主流法理学的反思与补充》（高等教育出版社 2003 年版）中提出。环境法既调整人与人之间的关系，也调整人与自然之间的关系。

② 金瑞林 . 环境法学 [M].3 版 . 北京：北京大学出版社，2013：20.

③ 吕忠梅 . 环境法 [M]. 北京：法律出版社，1997：44.

④ 张景明 . 和谐理念下环境法律关系研究 [M]. 北京：知识产权出版社，2015：29.

⑤ 张景明 . 和谐理念下环境法律关系研究 [M]. 北京：知识产权出版社，2015：51.

需要成为某项行为的参与者；规范性是指这些参与者能否成为法律关系主体需要由法律规范确定。

（二）不同主体和生态系统关系的不同决定了其差别生态责任

海洋生态修复法律制度是调整在海洋生态修复活动中的社会关系的法律规则体系。海洋生态修复法律关系的主体也只能是"人"，即海洋生态修复活动的参与者，此处的"人"是广义的。海洋生态修复是恢复、重建、修整海洋生态功能，使其更符合人类经济社会可持续发展的需要，据此，由谁修整、恢复和重建海洋生态，这是生态修复法律含义必须包含的内容。[①] 鉴于生态系统整体性的要求，根据《中华人民共和国环境保护法》的规定，一切单位和个人都有保护环境的义务。但是每个主体和生态系统的关系不同，决定了其对生态问题承担不同类型和内容的生态养护义务，这就是"差别生态责任"。对于海洋生态系统受损，污染者、破坏者、受益者承担共同的但有差别的生态责任。

三、不同分析视角下的海洋生态修复主体类型

海洋生态环境具有资源共享、边界不明晰和开放等特点，因而海洋生态修复的法律关系主体不像其他法律关系主体那样清晰和明确。此外，海洋生态修复过程复杂、涉及的利益主体较多，不同的视角下主体的类型和海洋生态修复责任性质也不同。本书认为，在生态环境关系的语境下，生态修复有两种含义：一种是作为政府的环境保护职责，另一种是作为环境侵害者的生态责任承担方式。除此之外，社会组织在一定的民事利益关系中，也可以成为生态修复的主体。

（一）成为生态修复主体所依据的事实基础不同

第一，在海洋生态修复法律关系中，海洋资源属于国家所有，海洋生态利益具有公共属性，属于全体公民享有。政府是公共利益的代表，是海洋资产管理的受托方，开展海洋生态修复工作是其职责和法律义务。

---

① 吴鹏.浅析生态修复的法律定义 [J].环境与可持续发展，2011，36（3）：63-66.

第二，企业、单位或个人造成海洋生态损害后，依照环境法的损害担责原则，生态修复是他们按照法律规定承担环境侵害责任的方式。

第三，具有生态修复的专业知识和人员的第三方社会组织，在生态修复民事法律关系中，享有获取经济报酬的权利，应当承担生态修复的义务，也必然享有相应的各项修复权利。

（二）不同性质的法律关系中海洋生态修复的义务主体不同

从法律不同的调整视角来看，在不同性质的法律关系中，海洋生态修复的法律义务主体也不一样。

第一，在调整性法律关系中，国家是生态修复法律关系的义务主体。

第二，在保护性法律关系中，生态修复的法律义务主体可能是企业、单位或个人。

第三，在平等性的民事法律关系中，从事生态修复的第三方社会组织是参与主体。

（三）成为海洋生态修复主体的原因不同

第一，国家成为主体是法定的，无须前置行为。

第二，企业、单位或个人成为主体是法定的，但是承担此项义务必须有先行行为，即对海洋生态造成损害的法律事实。

第三，第三方的社会组织成为主体是约定的，主动表达愿意承担修复工作，与有关主体签订了合同。

综上，根据有关法律规定，海洋生态修复法律关系的主体包括国家机关，企业、单位或个人，第三方组织。对此，可以将其归纳为义务型主体——国家机关；责任型主体——污染、破坏海洋生态并造成海洋生态功能受损的组织和个人；权利型主体——第三方社会组织。

第二节　义务型海洋生态修复主体——国家机关及工作人员

行使海洋生态修复职权的国家机关代表的是国家海洋生态环境利益，或者依照公共信托理论代表接受公众的委托的海洋生态利益，这项职责必须行使不能放弃，并且要行使好，否则就是失职或违法，这项职责往往是伴随着国家强制力甚至本身就是国家强制力的代表和体现。

根据法律的规定和海洋生态修复的社会实际，国家机关在生态修复中除了在一些特定情况下作为义务主体承担实际的生态修复实施义务，更主要的是作为主体角色拥有监管权力、履行监管职责。

一、国家机关以监督管理者的身份参与海洋生态修复

国家对海洋环境的监管贯穿整个海洋开发利用的全过程，包括事前、事中和事后三个阶段的监管。事前监管主要是建立和完善机构、制定开发利用规划和进行项目审核，重在预防；事中监管主要对开发项目的监测、检测、监督、检查，目的一是防止污染和破坏，二是对已经造成的污染破坏给出行政处罚和民事责任承担的依据；事后监管是按照国家法律法规，对违法的责任人追究法律责任，还应当包括对违法者承担生态修复等法律责任情况进行监管。[①] 由于海洋生态系统具有整体性，海洋生态修复需要进行统一指挥、加强调控，推行主要管理功能部门化，实行某一部门统一负责、协调和其他涉海部门之间的关系。

（一）我国现行的海洋生态保护监管体制

我国的环境保护监管体制一直都是环保部门统一监管和其他部门分工负责相结合的原则。《中华人民共和国环境保护法》第十条规定，国务院环境

---

① 杨妍，黄德林.论海洋环境的协同监管 [J].东华理工大学学报（社会科学版），2013，32（4）：454-458.

保护主管部门，对全国环境保护工作实施统一监督管理；县级以上地方人民政府环境保护主管部门，对本行政区域环境保护工作实施统一监督管理。根据《中华人民共和国海洋环境保护法》第四条第二款和第四十二条第二款的规定，国务院自然资源主管部门负责海洋保护和开发利用的监督管理，负责全国海洋生态、海域海岸线和海岛的修复工作；负责统筹海洋生态修复，牵头组织编制海洋生态修复规划并实施有关海洋生态修复重大工程。

（二）2018 年国务院机构改革后相关国家机关对海洋生态修复的监管职责

2018 年国务院进行了机构改革，组建了自然资源部和生态环境部。

1.两部门承担的海洋生态修复相关的监管职责

自然资源部除了代表国家对自然资源行使所有者的职责，还承担生态环境保护的"生态保护修复"职责；生态环境部的职责主要是"污染治理"。前者重点在自然资源开发利用中的生态系统修复和综合治理，体现"谁破坏、谁治理"；后者重点在环境污染监督、执法、治理，体现政府在环境污染治理中的更多责任和义务。

（1）自然资源部承担海洋生态修复职责。自然资源部下设司级单位"国土空间生态修复司"，主要负责国土空间的生态修复，包括海洋生态、海域海岸带和海岛的修复工作。

2019 年 5 月，自然资源部在我国不同海域海区设立北海局、东海局、南海局，主要履行海洋自然资源资产权属、管理、监测、保护职责以及海洋生态修复职责。各大海局均设置了"海洋生态修复处"这一专门负责海洋生态修复工作的内设机构，负责海洋生态修复的具体工作，见表 5-1。

表 5-1 自然资源部下设海区局的海洋生态修复职责

机构名称	北海局	东海局	南海局
所辖海域	辽宁、河北、天津、山东 4 个省（市）沿海毗邻的我国管辖海域	江苏、上海、浙江、福建 4 个省（市）沿海毗邻的我国管辖海域	广东、广西、海南 3 个省（自治区）沿海毗邻的我国管辖海域
主要职责	履行海洋自然资源资产权属、管理、监测、保护职责以及海洋生态修复职责；承担海洋生态保护修复工作；承担海区海洋生态预警监测工作；负责海区典型海洋生态系统保护的监督管理；监督检查海区海洋生态保护红线制度实施、海洋生态保护与整治、修复工作；承担海区海洋生态保护补偿工作；组织、实施海洋生态、海域海岸带和海岛修复制度、标准和规范		
下设单位	海洋生态修复处		
具体职责	组织实施海区海洋生态预警监测和海洋生态保护修复工作；组织开展海区典型海洋生态系统、海洋资源环境承载力、海洋生态红线的监测评估；负责海区海洋生态修复重大备选项目相关工作；监督管理海区海域、海岸线和海岛修复等重大生态修复工程；监督检查地方海洋生态保护红线制度实施、生态保护与整治修复工作；承担海区海洋生态保护补偿工作；组织实施海洋生态、海域海岸带和海岛修复制度、标准、规范		

自然资源部（下设的各海区局）是海洋生态修复工作的实际负责者和监管者，主导了海洋生态修复的实践工作。比如，2019 年 4 月 18 日《自然资源部办公厅关于推进渤海生态修复工作的通知》，要求加快推进渤海生态修复工程，重点对河口海湾、滨海湿地、岸线岸滩进行整治修复。

由此可以看出，在自然资源部内部，承担海洋生态修复职责的部门主要有两个：国土空间修复司和各海洋局的海洋生态修复处。

（2）生态环境部承担海洋生态修复职责。生态环境部下设的承担海洋生态修复职责的机构及其具体职责见表 5-2。

表5-2 生态环境部下设的承担海洋生态修复职责的机构及其具体职责

机构名称	自然生态保护司	海洋生态环境司	环境影响评价与排放管理司
具体职责	组织起草生态保护规划，开展全国生态状况评估，指导生态示范创建。承担自然保护地、生态保护红线相关监管工作。组织开展生物多样性保护、生物遗传资源保护、生物安全管理工作。承担中国生物多样性保护国家委员会秘书处和国家生物安全管理办公室工作	负责全国海洋生态环境监管工作，监督陆源污染物排海，负责防治海岸和海洋工程建设项目、海洋油气勘探开发和废弃物海洋倾倒对海洋污染损害的生态环境保护工作，组织划定海洋倾倒区	承担规划环境影响评价、政策环境影响评价、项目环境影响评价工作，承担排污许可综合协调和管理工作，拟订生态环境准入清单并组织实施

  自然生态司的职责中虽未明确提到"生态修复"的职责，但是其承担的"生态状况评估，生态红线监管"等工作内容对于统筹推动生态系统的整体保护和修复具有重要作用；海洋生态环境司负责全国海洋生态环境监管工作；环境影响评价与排放管理司主要从项目的环境影响评价角度出发，对涉及生态修复的项目进行评估和管理，确保生态修复项目的实施符合环境保护的要求，避免项目建设对周边生态环境造成新的破坏，同时推动项目的科学规划和合理布局，为生态修复工作提供科学的决策依据。

  2.关于海洋生态修复监管职责设定的建议

  根据部门各自的基本职责，自然资源部主要侧重于包括海洋资源在内的自然资源的资产权属、管理方面；生态环境部主要侧重于防治各种类型的污染，维护各生态环境要素的生态功能和生态效益方面。而生态修复工作的根本目的是修复受损生态，恢复其应有的生态功能。既然海洋生态修复的目的是恢复海洋生态系统的生态功能，那么让主要负责自然资源资产属性管理的自然资源部主管海洋生态修复工作，就不如让专门负责生态环境保护的生态环境部来做这个工作更专业，更符合海洋生态修复的目的，更符合国家机构的职责分工。并且，生态环境部也是负责海洋事务的专业部门，其下设海洋生态环境司的前身是原国家海洋局，它的主要职责中也有海洋生态修复的内容。可以在海洋生态环境司下设生态修复处专门具体负责，生态修复处再下设备事关生态修复工作的科室，各科室分工合作、互相配合，在生态修复处的领导下，全面系统地开展海洋生态修复的方方面面的工作。另外，也要整合组建生态修复综合执法队伍，通过队伍建设、统一执法加强海洋生态修复和生态环境保护。

综上所述，在国家层面的监管体制上，自然资源部职能或者机构应着重于海洋自然资源的资产产权管理方面；海洋生态修复工作是事关生态损害后的修复、生态利益的维护，应当由生态环境部负责统一监管。

（三）国家机关对海洋生态修复的具体监督管理措施

行政机关的生态环境监管由监督和管理两部分组成，二者缺一不可，相互依存。生态环境监督是对环境义务主体履行义务的情况进行监控和制约的行为。生态环境管理是指生态环境行政管理部门对各种影响生态环境的行为进行规划、调控的行政管理活动。国家机关对海洋生态修复的监管措施主要包括以下几点。

1.制定法规

法律法规是海洋生态修复的依据和保障。《中华人民共和国环境保护法》和《中华人民共和国海洋环境保护法》对海洋生态修复做了指引性和原则性的规定；《最高人民法院关于审理环境民事公益诉讼案件适用法律若干问题的解释》对生态修复的责任人、生态修复的目标、生态修复的费用构成等进行了规定，也适用于海洋生态修复领域。除了这些法律和司法解释，海洋生态修复的一些更为具体和可操作性的事项应当由国务院行政法规进行细化规定，如修复的目标、修复的技术措施、技术引导机制、资金来源和评价体系、惩罚措施等。海洋生态环境司下设"综合处"，承担海洋生态环境政策、规划、区划、法规、规章、制度拟订工作。

国家机关在海洋生态修复的监督管理中，除了负责制定海洋生态修复管理方面的规则，还负责执行海洋生态修复法律法规，以及参与相应的司法审判。

2.制定修复规划

规划制度是我国环保法确立的一项基本制度，一般包括保持现有良好的生态环境和修复、治理已遭受损害的生态环境两个方面的规划。生态修复属于规划的一部分。海洋生态修复规划是指修复主体针对受损的海洋生态环境所做的一个长期、中期或短期的具有指导性和规范性的修复实施安排。海洋生态修复规划基本的内容应当包括修复的主体、修复的对象、修复的目标和其他一些具体的事项。

海洋生态修复主体多元，生态修复规划也是多元的，表现为层级不同。每个修复主体都应该制定自己的修复规划，对于责任主体生态损害者来说，也可以称为实施修复的计划，处于较低层级，也更为具体。而国家制定的修复规划的层级最高，具有宏观性、战略性、长远性、整体性，对低层级的规划有指导和约束作用。国家机关参与海洋生态修复工作的一个重要职责就是制定国家层面的修复规划。由国家机关主导修复规划的制定，原因如下。

（1）海洋生态修复是一项系统工程，参与者众多。只有国家机关才有能力调动参与修复的各部门、各机构、各组织，使其协调配合、通力合作。

（2）生态修复规划要有一定的强制力。众多主体中只有国家机关才有政策制定权、立法权、执法权。只有国家机关才能针对不同海域、不同阶段，因地制宜、因时制宜制定规划。

（3）只有国家机关才有能力牵头组织联合部门，验收与评价海洋生态修复规划的执行情况，提出改善建议和措施。

综上，规划对海洋生态修复工作起到了指引和约束的作用，因此国家机关可以通过对需要修复的海域进行调查研究，在摸清我国海洋生态损害现状的基础上，针对需要修复的对象制定合理的规划，分批次、有重点地进行海洋生态修复。此处，最合适的"国家机关"应当是国家海洋行政主管部门，即原来的国家海洋局，现在的海洋生态环境司。

3.加强海洋生态修复监测

"监测"应当包含监督、查看、测量的含义，是国家机关对污染物排放和生态环境质量状况（包括是否受污染、是否受破坏、受多大程度的污染或破坏）掌控的手段。海洋生态修复的状况是海洋环境质量状况的构成部分，对海洋生态修复状况的监测也是海洋环境质量监测的内容，海洋生态修复的对象是受损的海洋生态，受损状况是由来源于监测的各种数据表明的。评价修复的进展与成效，如非生物环境的海岸线修复情况、海水水质改善情况、海洋生物多样性的修复、食物链修复都要依据海洋监测数据。可以说，海洋生态环境质量监测是海洋生态修复工作开展的依据和保障，必须重视海洋生态环境质量监测对海洋生态修复的作用。

关于海洋生态修复监测的主体。《中华人民共和国环境保护法》第十七条规定，"国家建立、健全环境监测制度"，"国务院环保主管部门……加强环境监测管理"；《中华人民共和国海洋环境保护法》第二十三条、第二十四条、第二十五条、第二十六条等对海洋环境监测做出了相关规定。依照《中华人民共和国海洋环境保护法》的规定，涉及海洋生态环境监测的机构总共有 4 个，见表 5-3。

表 5-3　涉及海洋生态环境监测的机构及其职责

机构	职责
国务院生态环境主管部门	负责海洋生态环境监测工作，制定海洋生态环境监测规范和标准并监督实施，组织实施海洋生态环境质量监测，统一发布国家海洋生态环境状况公报，定期组织对海洋生态环境质量状况进行调查评价，以及负责制定海洋辐射环境应急监测方案并组织实施
国务院自然资源主管部门	负责组织开展海洋资源调查和海洋生态预警监测，发布海洋生态预警监测警报和公报
海警机构	向国务院生态环境主管部门提供编制国家海洋生态环境状况公报所必需的入海河口和海洋环境监测、调查、监视等方面的资料
县级以上地方人民政府	推进综合监测、协同监测和常态化监测，加强监测数据、执法信息等海洋环境管理信息共享

2018 年之后，原国家海洋局的职能被分列在了自然资源部和生态环境

部两个部门之中。根据实际的机构设置和职能划分，目前负有海洋生态环境质量监测职责的机构大致见表5-4。

表5-4 2018年之后海洋生态环境质量监测机构及其职责

机构		职责
自然资源部	自然资源调查监测司	定期组织实施全国性自然资源基础调查、变更调查、动态监测和分析评价。开展水、森林、草原、湿地资源和地理国情等专项调查监测评价工作
	海洋预警监测司	开展海洋生态预警监测、灾害预防、风险评估和隐患排查治理，发布警报和公报。建设和管理国家全球海洋立体观测网，组织开展海洋科学调查与勘测
	北海局、东海局、南海局	负责海区海洋自然资源的调查监测评价
生态环境部	生态环境监测司	组织开展生态环境监测、温室气体减排监测、应急监测，调查评估全国生态环境质量状况并进行预测预警，承担国家生态环境监测网建设和管理工作

为了更好地提高监测效率，笔者认为，自然资源部的监测部门只负责监测具有经济价值功能的自然资源的数据表现，而将其具有生态环境功能属性的数据表现交给生态环境部门监测。生态环境部在处理导致海洋生态功能受损的海洋污染和破坏事件过程中，已经积累了一些海洋生态功能的本底数据，应由生态环境部负责海洋生态修复工作的监管，甚至还可能作为修复人直接参与修复工作，具有监测修复动态数据的便利条件。所以，从资源节约和工作效率来考虑，可以把海洋生态修复监测归类于海洋生态环境质量监测之中，具体可以由生态环境监测司总负责，并在该司职责中加以明确，下设海洋生态环境监测中心、海区分局监测中心。目前，我国已形成了国家、海区、省、市、县5级海洋生态环境监测网络体系。沿海地方监测机构包括省级（含计划单列市）—地市级—县级。按照调整后国家机构职责划分，海洋生态环境质量监测的工作体系如图5-1所示。

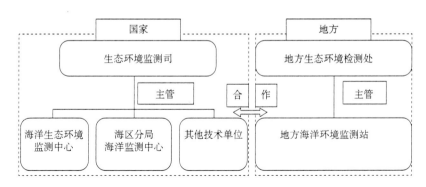

图 5-1　海洋生态环境质量监测机构工作体系

我国的海洋环境监测工作，依据目的不同可分为常规性监测、污染事故应急类监测、专项调查性监测、研究性监测四大类。[①]海洋生态修复监测属于海洋生态环境监测，应当重点监测海水水质、海洋生物多样性恢复状况和典型海洋生态系统恢复状况。我国近海岸是海洋生态修复的重点区域，所以应当以近海岸监测为重点，推进重要河口、海湾、滨海湿地的修复状况监测，并且公开监测数据，这是海洋生态修复状况进行评价的依据。此外，应当加强对海洋物种入侵、海洋生物病毒病害等海洋生物及其多样性保护的监控网络的建设，强化海洋赤潮监控，建设重点生态监控区，且在监测手段上可以运用海洋监测新型技术。比如，微型水下机器人可以收集水下生态资料，深海滑翔机可以测量海水水质、浮游植物丰度等。

4.开展海洋生态修复的行政监督和督察

行政监督和督察制度是促进海洋生态环境保护的有力手段。《中华人民共和国环境保护法》及 2015 年发布的《党政领导干部生态环境损害责任追究办法（试行）》均规定，地方各级人民政府应当对本行政区域的环境质量负责，对各地生态环境保护工作实行责任制。因此，各地、各部门生态环境保护工作应纳入国家行政监督和督查的范围。

（1）海洋生态修复的行政监督。监督，是指有监督权的主体包括政党、

---

① 李潇，杨翼，杨璐，等.海洋生态环境监测体系与管理对策研究［J］.环境科学与管理，2017，42（8）：131-138.

国家机关、社会组织、公民个人等根据一定的行为标准来判断某种行为的开展是否合理，并通过一定的纠正措施使之恢复到正确的、正常的状态。[①] 行政监督分为司法机关或者司法机关对行政机关的外部监督，以及业务性质和职能相同的行政机关内部自上而下的监督。

（2）海洋生态修复的行政督察。行政督察是指有权机关依法设立专门的督察机构和配备专门的督察人员，依法独立就特定的行政管理事项对有关行政机关的执法情况进行监督检查的行为。[②] 行政督察和监督的不同之处在于，督察属于跨区域和跨部门的监督。环保督察属于行政督察，是指上级政府和环保部门组成专门的工作组，对下级政府和环保部门的各项环保工作开展情况进行督促、检查、控制和追责等工作。[③] 近年来环保督察很受重视，生态环境部专门设置了"中央生态环境保护督察协调局"负责全国环保督察事宜。环保督察有属于行政督察的内容，也有高于行政督察的性质。根据《中央生态环境保护督察工作规定》，中央生态环境保护督察工作领导小组由中央办公厅、中央组织部、中央宣传部、国务院办公厅、司法部、生态环境部、审计署和最高人民检察院等组成，主体组成部门的层级较高。环保督察具有独立性，督察工作不受其他权力干涉。在海洋生态修复领域发挥国家机关的权威开展督察，能够实现中央政府对各沿海省、市、县开展海洋生态修复工作状况的直接控制和监管，显著提高海洋生态修复的效果。

海洋生态修复工作复杂，涉及的部门很多。环保督察是一种自上而下的"运动型"治理方式，打破了治理的常规方式，能有效地动员起组织的资源和注意力。督察是一种强激励、强控制。环保督察可以在非法围填海、破坏海洋湿地、非法开发利用岛屿、滥捕滥杀海洋鱼类之后开展的修复工作中，开展督察进驻、督察报告、督察反馈、移交移送问题线索和整改落实，设立

---

① 应松年.行政法学新论[M].北京：中国方正出版社，1998：541.

② 唐璨.行政督察是我国行政监督的重要新方式：以土地督察和环保督察为例[J].安徽行政学院学报，2010，1（4）：105-109.

③ 庄玉乙，胡蓉，游宇.环保督察与地方环保部门的组织调适和扩权：以 H 省 S 县为例[J].公共行政评论，2019，12（2）：5-22，193.

专门值班电话和邮政信箱，受理来信和来电举报，通过听取汇报、调研座谈、个别谈话、现场抽查等方式监督海洋生态修复工作的开展情况。

海洋生态修复督察通过传达修复政策、协调部门工作、跟进重点工作、解决疑难问题等方式开展工作，有严格的考核和问责措施，可以通过督办、整改、问责、处罚、曝光、移送等对沿海地方政府不按照规定开展海洋生态修复工作等情况进行问责。这种运动式督察工作，将会大大促进我国海洋生态修复工作的开展，从而改善生态环境。

二、国家机关作为义务人身份参与海洋生态修复

（一）国家承担海洋生态修复义务的缘起——从海洋生态环境损害后果的救济谈起

海洋生态损害是由人类对海洋施加的污染和破坏行为导致的，这样的行为又会直接或者间接影响具体个人的人身和财产权利以及不特定的人们的海洋生态权利，属于侵权行为中的特殊侵权——环境侵权在海洋领域的表现。之所以属于特殊侵权，一是因为此类侵权的主体、客体、内容、因果关系、作用机理等方面非常复杂，较为特殊；二是因为要通过环境这一媒介作用于人们的人身和财产。这种海洋环境侵权的模型如图5-2所示。

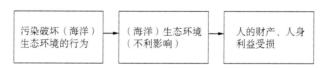

图5-2 海洋环境侵权模型

按照传统的侵权理论，侵权行为和人的利益受损必定存在——对应的关系（因果关系）。但是，在包括海洋侵权在内的环境侵权中，环境侵权行为和对人们造成的损害后果之间是通过环境这一媒介的，整个过程一定是侵权行为先对海洋生态环境造成了损害，再通过海洋生态环境作用于人们的人身和财产，引起相关私权的损害。如果将人们所实施的污染和破坏海洋生态环境的行为称为A，海洋生态环境遭受污染或者破坏的结果称为B，人们的财

产权和人身权受到损害称为 C。

第一，A 损害了 B，通过 B 导致了 C。在这个关系中，人们严重的污染和破坏海洋生态环境的行为虽然导致了具体的单位和个人的人身、财产权利受损，如鱼、虾、蟹、贝类的损失和渔民健康问题等，但是，在这种情况下，海洋生态环境的损害更大，属于生态功能性损害和环境承载力的损害，这种损害的影响后果和范围远大于上述的私权损害。

第二，A 损害了 B，但是不一定导致 C。比如，恰好此处受损海域并没有人从事经济、生活活动。此种情况下，只有海洋生态环境受损的事实，但是没有实际的人的权利受损，也就不涉及"侵权"的概念，因为只有具有民事权利能力的人才享有权利，生态环境是不享有权利的。

由以上两种情况可知，私权损害只是环境侵害的一小部分，这一部分被称作"环境侵权"。污染、破坏生态环境侵害民事权益的行为才叫作侵权，如果没有私权损害，就不属于环境侵权。但是事实上，就算没有私权的损害，这样的行为也一定会造成生态环境的损害的后果，因此把人们的此种不一定会构成"侵权"的行为称为"环境侵害"行为。

由以上分析可知，环境侵害的影响比环境侵权大得多，环境侵害是对环境功能和环境承载力所体现的公共利益和民事私权的双重侵害，是对生态环境多元价值的侵害，远超传统侵权法的法理及制度架构。[1]海洋生态环境侵害应当包括三个方面的损害后果：一是私权损害，如渔民、养殖户的人身、财产权利损害；二是属于公共利益范畴的海洋生态环境利益的损害；三是国家海洋生态环境相关的权益损害，包括资源性的损害和生态功能性的损害。那么，针对海洋生态环境侵害带来的这三种性质不同的损害后果，如何进行救济呢？谁来提起救济呢？

第一，针对私权侵害部分。侵权法规定的利益受损的承受者是具体的公民、法人和其他组织等私主体，环境侵害中的侵权部分，可以由受损者按照

---

[1] 吕忠梅.环境侵权的遗传与变异：论环境侵害的制度演进[J].吉林大学社会科学学报，2010，50（1）：124-131.

《中华人民共和国民法典》第一千二百二十九条的规定提起损害赔偿的请求。

第二，针对海洋生态环境公共利益损害部分。人类环境生态公共利益受损本不受传统侵权法的调整，无法纳入侵权法的保护，但是根据我国公益诉讼制度的设计，《中华人民共和国民事诉讼法》第五十八条规定："对污染环境、侵害众多消费者合法权益等损害社会公共利益的行为，法律规定的机关和有关组织可以向人民法院提起诉讼。"《中华人民共和国环境保护法》第五十八条规定了可以由符合条件的社会组织向人民法院提起公益诉讼。① 根据 2014 年 12 月 8 日《最高人民法院关于审理环境民事公益诉讼案件适用法律若干问题的解释》第十八条规定，环境公共利益损害的民事责任形式有停止侵害、排除妨碍、消除危险、修复生态环境、赔偿损失、赔礼道歉等。这里存在一个问题：针对生态环境公共利益损害，相关法律的规定是符合条件的组织"可以"提起公益诉讼，这里的"可以"一词是赋权性的，赋予了相关主体提起公益诉讼的资格，但是是否真正有人提起公益诉讼是不一定的。假如此种性质的损害存在，但是没有符合条件的主体提起公益诉讼或者有符合条件的主体却不愿意提起公益诉讼，又该如何是好？海洋生态公共利益的损害和国家利益的损害虽然不完全相同，但也有重合的部分，那么，在没有公益组织提起公益诉讼救济公共利益损害的情况下，国家可否提起诉讼救济呢？

第三，针对海洋生态环境国家利益损害部分。根据《最高人民法院关于

---

① 《中华人民共和国环境保护法》第五十八条第一款规定："对污染环境、破坏生态，损害社会公共利益的行为，符合下列条件的社会组织可以向人民法院提起诉讼：（一）依法在设区的市级以上人民政府民政部门登记；（二）专门从事环境保护公益活动连续五年以上且无违法记录。"

审理生态环境损害赔偿案件的若干规定（试行）》第一条①的规定，可以认为是法律赋予政府为了维护国家的生态环境利益而享有起诉的权利。

上述分析针对海洋生态环境侵害造成的损害，都能找到相应的救济方式。但是无论是关于公益诉讼的规定还是关于生态损害国家求偿权的司法解释的规定，其实都是属于赋权性质的，相关政府、机关、组织可以提起诉讼，请求损害人承担生态修复的责任。如果不能确定侵害者，那针对海洋生态环境公共利益损害和国家利益损害部分，又该谁承担起生态修复的义务呢？在此情况下，这个承担海洋生态修复义务的人只能是国家。

（二）政府承担海洋生态修复义务的理论及现实依据

1. 公共信托理论依据

生态环境问题自古有之，但是应对环境问题的生态环境立法出现较晚，国家作为生态环境管理的主体也出现较晚。早期的环境问题主要是通过私法领域的相邻关系、地役权和侵权损害赔偿制度来解决处理的。随着生产力的发展和科技的进步，人们开发利用生态环境的能力增强，生态环境问题开始全方位、大规模出现，私法领域的规定不足以应对生态环境开发利用过程中产生的越来越复杂的法律关系。尤其是20世纪50年代开始，全球性的环境问题频发，后果严重，影响巨大，国家开始通过立法应对严重的环境问题。从早期的针对性立法、污染防治立法到后来进行的全面的、基础性、综合性立法并且强调自身作为生态环境法律关系的管理者主体地位，理论界普遍认为，国家能够作为生态环境资源的管理者，所依据的基础理论之一就是"公共信托理论"。

---

①《最高人民法院关于审理生态环境损害赔偿案件的若干规定（试行）》第一条规定："具有下列情形之一，省级、市地级人民政府及其指定的相关部门、机构，或者受国务院委托行使全民所有自然资源资产所有权的部门，因与造成生态环境损害的自然人、法人或者其他组织经磋商未达成一致或者无法进行磋商的，可以作为原告提起生态环境损害赔偿诉讼：（一）发生较大、重大、特别重大突发环境事件的；（二）在国家和省级主体功能区规划中划定的重点生态功能区、禁止开发区发生环境污染、生态破坏事件的；（三）发生其他严重影响生态环境后果的。"

公共信托理论起源于罗马习惯法，后被英美法系判例法引入作为环境资源等公用物、共有物保护管理法律领域一项基础理论依据，其核心是社会全体公民对环境的共有关系，全体公民平等享有对共有的生态环境要素的各项权利，而政府属于公民的受托者，负有保护和管理生态环境资源的职责。①依据该理论基础赋予国家生态环境管理职责，可以从法律层面解决问题。

阳光、空气、土地、海洋等环境要素不符合传统的私权理论指向的传统物的概念。海洋生态资源具有供给的普遍性和消费的非排他性，是典型的共有物、公用物。以海洋渔业资源为例，看似取之不尽用之不竭，但为何会有今天这种面临枯竭的威胁？尽管有禁渔期和捕捞限额制度，但是，由于捕捞限额制度执行机制不健全，且作为"理性经济人"的捕捞者总会千方百计地在捕捞期内多捕捞，恶性竞争必然导致恶劣后果。

海洋自然资源属于国家所有，海洋生态环境利益属于全体公民享有。依据信托理论，国家作为海洋生态资源受托人的信托责任包含两个核心的责任——管理保护信托财产以及修复受损害的信托财产。在海洋生态保护法律关系中，国家是作为海洋生态资源管理者的主体身份出现的，且身负海洋生态资源管理、海洋生态环境保护、海洋生态修复等多项职责。

2.受益者修复

按照环境保护法的基本原则——环境责任原则，海洋生态污染和破坏者应当承担起生态修复的责任，这样才能进一步体现出公平，因为他们开发利用海洋生态环境获取经济利益是建立在对海洋生态的损害基础上的。但是若因为某些原因导致无法确定生态修复责任人的话，应当由国家承担修复义务，这从受益者修复的道理上也是讲得通的。从事海洋能源资源开发利用、围填海建设、近海岸开发建设的多是资金雄厚的企业，从开发利用中获取了优厚的经济利益；国家机关也往往是开发利用海洋规划、项目的审批者，负有一定的责任。各种企业在开发利用海洋中获取了经济利益也为国家创造了大量的税收，从这个角度讲，国家也是开发利用海洋的受益者，应当承担部

① 向华.公共信托原则下的我国环境权制度研究[J].商业时代，2012（16）：105-106.

分的海洋生态修复义务。

3.国家修复的修复能力最强

首先，海洋生态修复不同于内陆污染场地的生态修复，内陆污染场是定点的，污染物的渗透、转移有限，污染影响范围有限；而海洋远离内陆，海域开放、宽广且海水具有流动性，很容易使污染和破坏的范围扩大，且稀释或抵消修复的成果。以上特点使得海洋生态修复费用高、技术要求高、组织难度大。所以，只有国家才最有能力组织、调动、整合、修复资源，完成海洋生态修复工作。

其次，海洋生态修复不仅仅是修复受损的海洋生态，使之恢复生态服务功能，还包括社会关系的修复，使因海洋生态受损而遭受利益损失的沿海公众得到补偿，这样的补偿工作只有国家负责组织实施，才能兼顾和平衡各方利益。

4.来自法律规定方面的依据

《中华人民共和国宪法》第二十六条"国家保护和改善生活环境和生态环境，防治污染和其他公害"的规定，应当是国家承担生态修复义务的本源性规定。《中华人民共和国环境保护法》和环保单行法规定了各级人民政府的环保责任，配套制度有目标责任制和考核评价制度、限期达标规划制度、约谈制度等。除了国家级法律规定了政府的环保责任，地方立法中也有具体的规定。例如，《西藏自治区环境保护条例》第五条规定："各级人民政府应当对本行政区域的环境质量负责。县级以上人民政府环境保护主管部门对本行政区域的环境保护工作实施统一监督管理。县级以上人民政府有关部门依法在各自职责范围内，对资源保护和污染防治等环境保护工作实施监督管理。"《宁夏回族自治区生态环境保护条例》还新增规定了对于生态破坏严重或者重大建设项目未完成生态修复任务的，流域、区域、生态环境主管部门应当暂停审批该流域、区域建设项目的环境影响评价文件。生态修复是生态环境保护工作的重要组成部分，理应纳入各级政府环保目标责任制之中，将生态修复的完成情况作为政绩考核的内容之一。沿海地区的各级政府应当对历史遗留的以及无法确定责任人的受损海洋生态开展修复；对责任人确定的其他生态修复工作进行监管；将本行政区内海域的总体生态修复工作作为本级政府的环保目标，并纳入考核机制。

《中华人民共和国海洋环境保护法》加强了政府在海洋生态保护方面的职责，除了要进行海洋生态修复，还有一系列的配套制度体现政府海洋环保职责，如生态保护红线、海洋自然保护区和海洋特别保护区、海洋生态保护补偿制度等。建议在以后的海洋保护立法中，除了明确规定政府的海洋生态修复职责，还应该规定海洋生态修复的目标责任制和考核制以及不履行职责时的追责机制。

从目前海洋生态环境保护的现实情况来看，在海洋生态修复工作中，政府"身兼两职"，一是作为海洋生态修复工作的监管者，二是承担海洋生态修复义务的责任者。随着政府环境决策的科学合理化，由政府承担生态修复的责任会逐渐弱化或消失。生态修复作为环境侵害的责任承担方式会逐渐成为主导，也即谁对环境造成了侵害，谁就应该承担生态修复的法律责任。生态修复应当成为环境法中一种重要的环境侵害的责任承担方式。①

第三节　责任型海洋生态修复主体——造成海洋生态损害的污染者和破坏者

生态修复作为一种事后治理的措施和制度，是对事先预防功能的弥补，实质上其责任主体的确定也是一种环境利益的再分配。这种环境利益的再分配也是环境公平与正义的体现。海洋污染者和生态破坏者应当付出利益的代价，承担修复海洋生态的责任。"污染者负担""破坏者治理"是环境法责任原则的具体要求。由于其污染和破坏行为造成海洋生态损害的"污染者"和"破坏者"包括损害海洋生态的个人、法人和其他组织，为了行文的简洁，

---

① 刘鹏 . 论生态修复的环境法属性 [J]. 政法学刊，2016，33（2）：114-119.

以下将其简称为"污染者、破坏者"或者"责任者"。

一、污染者、破坏者承担海洋生态修复责任的相关法律规定

我国确立了由污染者和破坏者承担生态修复责任来消除其对生态环境造成的负面影响，如表5-5所示。该表所列内容涉及我国法律规定的生态损害行为人的民事责任，在私权领域他们的行为被称为侵权，要对被侵权人承担包括赔偿损失和排除危害的责任，而对于涉及公共利益和国家利益的生态环境利益损害部分，他们主要承担生态修复责任。同时，法律规定生态修复责任主体同样按照无过错原则承担生态修复的责任，只要是造成了生态环境破坏的事实，就需要承担起修复的责任。行为人在承担上述民法和环境法规定的生态损害民事责任的同时，也需要承担行政责任甚至刑事责任。《最高人民法院　最高人民检察院关于办理环境污染刑事案件适用法律若干问题的解释》第六条规定："实施刑法第三百三十八条规定的行为，行为人认罪认罚，积极修复生态环境，有效合规整改的，可以从宽处罚；犯罪情节轻微的，可以不起诉或者免予刑事处罚；情节显著轻微危害不大的，不作为犯罪处理。"

表5-5　污染者、破坏者承担海洋生态修复责任的法律规定汇总

法律名称	法律规定
《中华人民共和国环境保护法》	第六条　一切单位和个人都有保护环境的义务。地方各级人民政府应当对本行政区域的环境质量负责。企业事业单位和其他生产经营者应当防止、减少环境污染和生态破坏，对所造成的损害依法承担责任。第三十条　开发利用自然资源，应当合理开发，保护生物多样性，保障生态安全，依法制定有关生态保护和恢复治理方案并予以实施
《中华人民共和国海洋环境保护法》	第一百一十四条　对污染海洋环境、破坏海洋生态，给国家造成重大损失的，由依照本法规定行使海洋环境监督管理权的部门代表国家对责任者提出损害赔偿要求

法律名称	法律规定
《中华人民共和国民法典》	第一千二百三十四条　违反国家规定造成生态环境损害，生态环境能够修复的，国家规定的机关或者法律规定的组织有权请求侵权人在合理期限内承担修复责任。侵权人在期限内未修复的，国家规定的机关或者法律规定的组织可以自行或者委托他人进行修复，所需费用由侵权人负担
《最高人民法院关于审理环境民事公益诉讼案件适用法律若干问题的解释》	第十八条　对污染环境、破坏生态，已经损害社会公共利益或者具有损害社会公共利益重大风险的行为，原告可以请求被告承担停止侵害、排除妨碍、消除危险、修复生态环境、赔偿损失、赔礼道歉等民事责任。第二十条　原告请求恢复原状的，人民法院可以依法判决被告将生态环境修复到损害发生之前的状态和功能。无法完全修复的可以准许采用替代性修复方式。人民法院可以在判决被告修复生态环境的同时，确定被告不履行修复义务时应承担的生态环境修复费用；也可以直接判决被告承担生态环境修复费用
《最高人民法院关于审理生态环境侵权责任纠纷案件适用法律若干问题的解释》	第十七条　依照法律规定应当履行生态环境风险管控和修复义务的民事主体，未履行法定义务造成他人损害，被侵权人请求其承担相应责任的，人民法院应予支持
《最高人民法院关于审理生态环境损害赔偿案件的若干规定（试行）》	第十一条　被告违反法律法规污染环境、破坏生态的，人民法院应当根据原告的诉讼请求以及具体案情，合理判决被告承担修复生态环境、赔偿损失、停止侵害、排除妨碍、消除危险、赔礼道歉等民事责任。第十二条　受损生态环境能够修复的，人民法院应当依法判决被告承担修复责任，并同时确定被告不履行修复义务时应承担的生态环境修复费用。生态环境修复费用包括制定、实施修复方案的费用，修复期间的监测、监管费用，以及修复完成后的验收费用、修复效果后评估费用等
《最高人民法院关于审理海洋自然资源与生态环境损害赔偿纠纷案件若干问题的规定》	第二条　在海上或者沿海陆域内从事活动，对中华人民共和国管辖海域内海洋自然资源与生态环境造成损害，由此提起的海洋自然资源与生态环境损害赔偿诉讼，由损害行为发生地、损害结果地或者采取预防措施地海事法院管辖。第三条　海洋环境保护法第五条规定的行使海洋环境监督管理权的机关，根据其职能分工提起海洋自然资源与生态环境损害赔偿诉讼，人民法院应予受理。第六条　依法行使海洋环境监督管理权的机关请求造成海洋自然资源与生态环境损害的责任者承担停止侵害、排除妨碍、消除危险、恢复原状、赔礼道歉、赔偿损失等民事责任的，人民法院应当根据诉讼请求以及具体案情，合理判定责任者承担民事责任。第八条　恢复费用，限于现实修复实际发生和未来修复必然发生的合理费用，包括制定和实施修复方案和监测、监管产生的费用

二、污染者、破坏者之海洋生态修复法律责任阙如的弥补策略

（一）实行海洋生态修复备用金制度

海洋生态修复备用金制度是一种为保障海洋生态修复工作顺利进行而设立的资金保障制度。海洋生态修复备用金主要用于海洋生态修复项目的实施，包括海岸带修复、红树林保护、海域清淤、海洋生物栖息地修复、入海污染物治理、海洋生态监测监管能力建设等方面。资金来源包括以下几个方面：①政府财政投入。政府通过财政预算安排，将一部分资金专门作为海洋生态修复备用金。这体现了政府对海洋生态保护的重视和责任担当。②相关项目收费和罚款。从海洋开发项目的生态环境补偿费、海域使用金等费用中提取一定比例的资金纳入备用金。同时，可以将一部分海洋环境保护违法违规行为的罚款纳入备用金。③社会捐赠。环保组织、企业、个人等出于对海洋生态保护的关注和责任感，捐赠海洋生态修复备用金。另外，渔民以捕鱼为业，国家应当保障他们的生存发展权，核发捕捞许可证，但是又要对捕捞加以限制。捕捞许可证可以限制捕鱼期、捕鱼区、捕鱼方式，但是很难管控捕捞的鱼种，高额利润的驱使下容易造成某种海洋生物资源的枯竭。应对的办法是在捕捞权准入审批时，每年让渔民交付一笔生态修复备用金，在国家海洋监测某种渔业资源数据表现不正常时，用来修复该资源。

（二）根据海洋生态损害的原因确定修复责任的具体内容

应当区分污染和破坏，还要将责任者的责任能力考虑在内。污染要区分是长期故意排污的类型还是属于意外事件的泄漏污染。长期、故意排污导致的海洋生态损害，可以后果定责任，由责任者承担完全的修复责任；属于意外事件的泄漏型污染，超出责任者能力的修复责任可以考虑利用修复保险金、修复基金甚至国家承担修复责任。破坏要区分是属于长期的捕捞开采型还是属于意外或过失的物种引入型。长期的捕捞开采行为除造成十分严重的生态退化需要承担完全的修复责任外，往往还伴有责任者生存权、发展权的合理需求，可以要求他们缴纳一定数量的税费作为生态修复金。意外或过失

的引入行为造成一定程度的生物入侵后果，要求行为人承担复杂的清除责任太重，则可以由修复保险金、修复基金甚至是国家来承担修复责任。

（三）应做系统的修复规划和设计科学的修复方案

海洋生态修复是通过综合性措施使海洋生态系统群落组成及其结构由简单恢复到复杂，海洋生态功能由单一功能恢复到多功能，从海洋生态系统的结构、功能、生物多样性和持续性及与邻近海洋生态系统的共通性等多方面进行有效的修复。[①] 这样的资源整合过程要求责任者承担的修复责任应当是系统规划和科学设计方案的结果，并交由国家机关审查是否具有科学性、合理性。

（四）重视修复资金保障机制的完善

凡是不能确定责任者，以及虽然能确定责任者但是因为修复工程十分复杂，责任者的修复能力有限，不能完成修复责任的情形，应当利用修复保险金、修复基金、公益捐款、国家专项税收等修复资金保障机制来确保受损海洋生态修复的完成。

（五）开展海洋生态修复的法律普及与教育

通过开展海洋生态修复的法律普及与教育，让生态责任观念深入人心，使人们认识到海洋生态资源是有限的也是有价值的。根据法律规定，无论是开发利用者还是污染破坏者都有养护海洋的责任；通过教育让人们明白今日的生态修复责任的承担，付出一些经济代价是为了更为持久地取得海洋带来的利益。

---

① 王丽荣，于红兵，李翠田，等.海洋生态系统修复研究进展 [J].应用海洋学学报，2018，37（3）：435-446.

第四节　权利型海洋生态修复主体——海洋生态修复的 第三方机构

与义务型修复主体国家以及责任型修复主体不同，第三方的社会组织多是基于委托合同而成为生态修复的主体。此类合同的一方是义务型主体国家或者是责任型主体污染者和破坏者，另一方就是第三方社会组织。除了依据合同，也有一些组织是出于公益目的参与海洋生态修复工作。

一、第三方机构参与生态修复的法律依据

第三方参与海洋生态修复并非没有法律依据，也并非近些年才兴起。早在 2006 年，国务院出台的《防治海洋工程建设项目污染损害海洋环境管理条例》就已经明确规定了具有相应资质的单位可以代为"恢复原状"，费用由造成海洋污染的工程建设单位（责任者）支付给第三方机构。近些年，我国出台的关于海洋生态修复的法律法规也通过明确规定，给予第三方机构参与海洋生态修复工作以法律的支持，如表 5-6 所示。不过，目前，在我国第三方参与包括海洋在内的各种生态修复的市场并未成熟，第三方参与也多是因为政府机关的指定，而基于生态修复市场行为的参与仍然需要进一步完善。

表 5-6　第三方机构参与海洋生态修复的法律规定

法律法规名称	制定机关	具体条文规定内容
《防治海洋工程建设项目污染损害海洋环境管理条例》	国务院	第四十八条　建设单位违反本条例规定，有下列行为之一的，由县级以上人民政府海洋主管部门责令停止建设、运行，限期恢复原状；逾期未恢复原状的，海洋主管部门可以指定具有相应资质的单位代为恢复原状，所需费用由建设单位承担，并处恢复原状所需费用 1 倍以上 2 倍以下的罚款：（一）造成领海基点及其周围环境被侵蚀、淤积或者损害的；（二）违反规定在海洋自然保护区内进行海洋工程建设活动的
《最高人民法院关于审理生态环境侵权责任纠纷案件适用法律若干问题的解释》	最高人民法院	第十二条　排污单位将所属的环保设施委托第三方治理机构运营，第三方治理机构在合同履行过程中污染环境造成他人损害，被侵权人请求排污单位承担侵权责任的，人民法院应予支持。排污单位依照前款规定承担责任后向有过错的第三方治理机构追偿的，人民法院应予支持。第十三条　排污单位将污染物交由第三方治理机构集中处置，第三方治理机构在合同履行过程中污染环境造成他人损害，被侵权人请求第三方治理机构承担侵权责任的，人民法院应予支持。排污单位在选任、指示第三方治理机构中有过错，被侵权人请求排污单位承担相应责任的，人民法院应予支持。第十四条　存在下列情形之一的，排污单位与第三方治理机构应当根据民法典第一千一百六十八条的规定承担连带责任：（一）第三方治理机构按照排污单位的指示，违反污染防治相关规定排放污染物的；（二）排污单位将明显存在缺陷的环保设施交由第三方治理机构运营，第三方治理机构利用该设施违反污染防治相关规定排放污染物的；（三）排污单位以明显不合理的价格将污染物交由第三方治理机构处置，第三方治理机构违反污染防治相关规定排放污染物的；（四）其他应当承担连带责任的情形
《湿地保护修复制度方案》	国务院办公厅	第十三项"明确湿地修复责任主体"：能够确认责任主体的，由其自行开展湿地修复或委托具备修复能力的第三方机构进行修复。第十七项"强化湿地修复成效监督"：国务院湿地保护管理相关部门制定湿地修复绩效评价标准，组织开展湿地修复工程的绩效评价。由第三方机构开展湿地修复工程竣工评估和后评估
《生态环境损害赔偿制度改革方案》	中共中央办公厅、国务院办公厅	"工作内容"第八项"加强生态环境损害赔偿资金管理"：经磋商或诉讼确定赔偿义务人的，赔偿义务人应当根据磋商或判决要求，组织开展生态环境损害的修复。赔偿义务人无能力开展修复工作的，可以委托具备修复能力的社会第三方机构进行修复。修复资金由赔偿义务人向委托的社会第三方机构支付

二、第三方机构参与海洋生态修复的具体情形

（一）公益组织参与海洋生态修复

当今，人类越来越关注海洋环境保护问题，越来越多的人加入海洋保护公益事业，人们或单个参与或结成组织参与海洋保护。海洋保护工作越来越重视生态修复这种对已经受损海洋生态环境的事后救济手段，海洋环保公益事业的发展趋势必将使越来越多的公益组织参与海洋生态修复工作。公益组织参与海洋生态修复具有客观专业性优势。海洋生态修复本身就是从生态技术领域发展而来，需要科学技术和专业人才保障；海洋生态修复公益组织成立的目的或者宗旨就是修复海洋生态，组织成员既然已经自愿加入该组织，说明他们认可组织宗旨，接受组织任务，具有更强的修复参与积极性。

在国际层面，世界自然保护联盟（International Union for Conservation of Nature, IUCN）是一个在海洋生态保护领域影响很大的公益性非政府组织，其在推动海洋保护区建设方面发挥了重要作用。自20世纪90年代开始，该组织就主导编撰了一系列指导各国海洋保护区建设和管理的丛书，其中包括《海洋保护区指南》，其下属的世界保护区委员会在2004年设立了公海海洋保护区工作组，通过推动建立自然保护区的方式修复脆弱的海洋生境，如海山和深海珊瑚礁。

在我国，从事生态修复的公益组织有待进一步发展和完善。关于促进我国公益组织参与海洋生态修复的成效建设，既需要公益组织自身的主观努力，客观上也需要国家政策层面上给予一定的扶持。

（二）专业的修复机构参与海洋生态修复

污染者和破坏者因为其行为违法而承担生态修复责任，是生态修复责任承担的常态。在相关的侵权诉讼中，法院也会根据法律规定判决此类责任者承担生态修复的责任。在司法实践中，我国生态损害案件的裁判多是以金钱赔付为主，而生态修复的真正实施者通常是第三方的专业机构。这样做可以避免裁判后发生难以执行或者无法执行的状况。

第三方专业机构是通过协议的方式参与生态修复的。修复方案及其践行路径并非取决于司法裁判，而是基于有关主体通过协商而确定的，也就是说修复方案及其践行路径是协议双方主体协商的结果，尊重了协议双方的自主性。第三方的专业机构通过协议的方式参与生态修复，但是，关于协议本身的一些要素尚未明朗，如协议的主体是谁、协议的内容如何确定。

1. 海洋生态修复协议的主体

第三方专业机构参与海洋生态修复是基于协议，所以协议的一方主体应当是该机构，那么另一方主体到底是谁呢？

在司法实践中，有以下几种情况：①在污染者、破坏者没有能力开展实际的生态修复工作、取而代之以缴纳生态修复罚金的情况下，人民法院可以基于该笔罚金委托专业的第三方机构进行环境修复。此时，委托人应当是人民法院（此处是在诉讼领域，当然，在行政处罚领域，委托人应当是国家行政机关），受委托人是第三方生态修复机构。②污染者、破坏者在诉讼中被判承担修复责任，但是在履行责任的过程中，他们囿于自己修复能力的不足，又将生态修复的责任通过合同的方式委托给了第三方专业机构。此时，协议的双方主体就是责任者和第三方机构，二者之间形成生态修复委托合同关系。责任者承担修复费用的义务，专业修复机构利用自己的专业性技术承担生态修复实施者的义务。

受害人和第三方机构之间是否可以形成生态修复协议法律关系呢？笔者认为，受害人作为一方主体的话，另一方主体只能是责任者（污染者和破坏者），双方就生态损害修复事项协商，通过责任者进行生态修复弥补受害人的利益，这样符合损害弥补原则。受害人和专门从事生态修复的第三方机构一般不发生对应的合同关系。

2. 海洋生态修复协议的内容

海洋生态修复协议的内容就是双方权利义务的要求，是协议履行状况以及修复效果评价的依据。① 协议内容本应当是双方主体协商的结果，但是生态修复协议又不能完全任由双方的意思自治，必须有强制性规定的内容，否则将无法体现生态修复的公益性，使修复流于形式。海洋生态修复协议应当对修复期限、修复效果、评价、违约责任（含保证）等内容做强制性的要求，限制主体双方的自由意志表达。

（三）其他第三方主体参与海洋生态修复

1.信贷和投资机构

当信贷和投资机构对那些为了追求利润而严重破坏生态环境的项目进行大量投资时，相当于助力了污染破坏行为，他们是背后隐形的生态致损者。但是根据法律规定，他们不必承担任何生态责任。我国目前关于信贷和投资机构的投资领域、投资对象、投资内容的规定，多为倡导性；绿色信贷业务也多为倡导和试行。因此，法律需要明确上述主体不良投资的生态法律责任，应当对其投资的企业污染破坏生态环境的行为承担连带责任。国家还应加强对信贷和投资市场的管理，督促信贷和投资机构履行相应的生态修复的法律责任。

2.环境中介机构

环境中介机构接受委托并收取佣金，这本身就是一项商业行为。《中华人民共和国环境保护法》第六十五条明确规定了环境中介机构在为了追求商业利益而对海洋生态环境损害负有责任时，也应当承担连带责任。这种责任应当包括生态修复责任。

3.环境污染责任保险机构

环境污染责任保险，又称为"绿色保险"，是一种特殊责任保险和生态保险。在此保险关系中，保险人为被保险人承担了因事故造成的海洋生态损害引起的经济赔偿和处理费用，在被保险人无力赔偿时能够及时给受害者赔偿。由于责任转移，环境污染责任保险机构在进行生态赔偿的同时应适当承担海洋生态修复的法律责任。

---

① 罗施福，柯佳丽.论生态修复协议模式：样态、价值与迷思[J].政法学刊，2019，36（1）：62-69.

第六章

海洋生态修复的目标及实现目标的保障机制

第一节　海洋生态修复目标

一、海洋生态修复目标的含义

根据 2013 年原国家海洋局发布的《海洋生态损害评估技术指南（试行）》"术语和定义"的规定，海洋生态修复是指"通过人工措施的辅助作用，使受损海洋生态系统恢复至原有或与原来相近的结构和功能状态"；海洋生态修复的目标是"将受损区域的海洋生态修复到受损前原有或与原来相近的结构和功能状态，无法原地修复的，采取替代性的措施进行修复；根据损害程度和该区域的海洋生态特征，制定修复的总体目标及阶段目标"。生态修复努力的目标是单一而明确的——"原状"，但是因为判定生态损害之前的"原状"为何种状态非常困难，加之完全达到"修复到原状"也非常困难，所以在生态修复的理论和实践中基本摒弃了"修复到原状"的目标设定。没有了"原状"作为参照，因此需要科学合理地设定海洋生态修复的目标。海洋生态修复制度作为一项新的海洋生态环境管制和救济的工具，处于海洋生态环境保护的基本制度的地位。因此，海洋生态修复目标就不应仅仅是"修复到原状"或者是达到满足海洋生态环境质量标准即可，其设定应是复合和多元的。

本书认为，海洋生态修复是指为了维护海洋生态系统平衡，支持社会经济平衡持续发展以及满足人们对海洋生态利益的需求，由生态修复责任主体对受损海洋生态系统本身予以综合性的人工治理措施，并且对海洋生态损害造成的人们的人身利益、财产利益、海洋生态利益以及利用海洋的生存、发展利益等受损的情况予以赔偿和补偿的行为。包括海洋生态修复在内的环保手段的直接目的就是确保生态环境的结构和功能处于不受损的健康状态，终极目的应当是能够支撑人类的可持续发展，实现海洋生态文明。海洋生态修复应当包括两个方面的内容，即自然海洋生态系统的修复以及和自然海洋生态有关的社会生态系统的修复。因此，海洋生态修复的目标设计同样包括两个方面的内容：第一，修复海洋自然生态系统，使其结构和功能能够持续健康存在并能维持人类可持续发展；第二，通过赔偿补偿等手段来修复人们与海洋生态利益相关的社会利益关系。

二、制定科学合理的海洋生态修复目标

（一）制定多元的生态修复目标

作为传统生态修复目标的"修复到原状"主要是指使当事人双方之间的利益关系修复到物理状态下的原状，或者修复到价值层面上的原状。[1] 民法理论认为，判定责任者承担修复原状的法律责任至少满足以下条件：①有修复到原状的技术上、经济上的可行性；②必要性。两个条件缺一不可。海洋生态修复相比于其他环境要素的生态修复活动更为复杂，由于生境改变、生物入侵，加之海水的流动、洋流的作用，完全修复到原状在技术上几乎不可能，且经济成本不菲。执拗地、不计代价地追求修复到原状的目标，还会衍生很多新的生态问题。海洋生态修复的最佳目标并非以"修复到原状"为首选。首先，最佳的自然海洋生态一定是没有受任何干扰时的状态，修复到这种原状不符合人类利益和可持续发展原理。生态修复并非要抹去人类所有行为痕迹，而是要承认既有利用海洋资源经济建设的成果，在无法完全修复的

---

[1] 崔建远.关于恢复原状、返还财产的辨析[J].当代法学，2005（1）：63-74.

情况下，采用别的方法和措施，达到能维持生态系统良性回圈、生态安全的目的。比如，广东省汕头市南澳县是海岛县，在其开展的生态修复项目中，没有制定"修复到原状"的目标，而是转型重点打造海洋生态经济区、国家清洁能源基地和生态岛，以海洋产品精深加工、新能源为重点发展方向，达到修复海洋的目标。其次，海洋生态问题归根结底是人海关系不和谐造成的，人们要做的就是改变人与海原来的不和谐关系，而非修复到原状。所以，生态修复的目标设定应当是多元的。

一是对自然生态修复来说，应当以自然生态的自我修复为主，辅之以人工措施或实施重大生态修复工程，以达到以下几个目标：①消除和减少污染物质，防止和减少其扩散；②消除和减少环境物理、化学、生物等特性的变化；③使海洋中某种元素提升或者降低，达到环境质量标准要求；④恢复海洋生态系统的生态、历史、文化功能。[①]

二是对社会生态修复来说，应当修复人们和海洋开发利用相关的海洋生态利益关系。生态修复权利与义务的公正划分、生态修复责任的合理承担均属于人们海洋生态利益、经济利益的再分配。以此促进生态法的公平正义的实现。

（二）建立科学合理的海洋生态损害评估机制

评估机制相当于海洋生态修复工程的根基。如果根基不扎实，那么整个海洋生态修复的工程大厦也会不稳。海洋生态损害评估工作必须做得实实在在，为之后整个生态评估工作提供客观科学的依据。依据2013年《海洋生态损害评估技术指南（试行）》的要求，结合海洋生态损害的现实情况，应当在以下方面完善海洋生态损害评估机制。

1.海洋生态损害评估的内容

海洋生态损害评估的内容包括：海水水质状况、海洋生物质量、海洋沉积物质量、渔业污染事故经济损失、滨海湿地生态质量、红树林生态质量、海草床生态质量和珊瑚礁生态质量。

---

① 李挚萍.环境修复法律制度探析[J].法学评论，2013，31（2）：103-109.

2.海洋生态损害评估的程序

《海洋生态损害评估技术指南（试行）》规定的海洋生态损害评估程序包括4个主要阶段：准备阶段、调查阶段、分析评估阶段和编制评估报告阶段。每个阶段都有其具体的工作内容要求，详见表6-1。

表6-1 海洋生态损害评估程序的主要阶段及其具体内容

主要阶段	具体内容
准备阶段	搜集受损海域的背景资料，现场勘察；分析基本情况和生态损害特征，以确定是否需要进行评估；确定评估的内容，初步筛选主要损害评估因子、生态敏感目标；确定评估范围、评估因子、评估方法，编制评估方案
调查阶段	根据评估方案，组织开展海洋生态现状调查和社会经济状况调查
分析评估阶段	整理分析海域背景资料，筛选评估内容的生态背景值，对比损害前后各生态要素变化情况，确定海洋生态损害的范围、对象、程度，计算海洋生态损害价值
编制评估报告阶段	包括前言部分（自然地理环境、损害事件梗概、现场调研评价）、主体部分（生态损害分析、生态损害评估、评估结论）、附件部分（评估方法等）

海洋生态损害评估程序的具体过程可用图6-1表示。

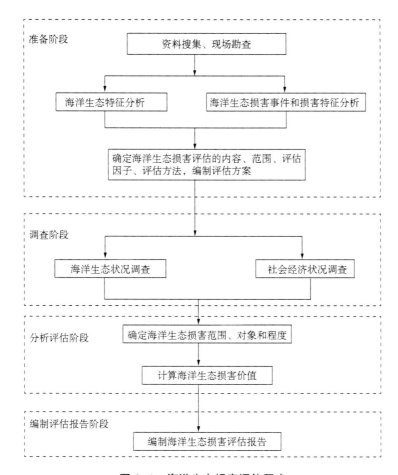

图 6-1 海洋生态损害评估程序

（三）分类设定海洋生态修复目标并制订合理的修复方案

第一，海洋生态修复要规划总体目标，然后对总体目标进行明确、具体的分类、分阶段设计。应当根据修复的实际情况，分成海洋生境、海洋生物、典型海洋生态系统等几部分内容，设定不同类别的总体修复目标，之后再对不同类别的总体修复目标分阶段、具体化，使目标更具可达成性。比如，《湿地保护修复制度方案》规定，"确定全国和各省（区、市）湿地面积管控总目标，逐级分解落实。合理划定纳入生态保护红线的湿地范围，明确湿地名录，并落实到具体湿地地块。经批准征收、占用湿地并转为其他用途的，用地单位要按照'先补后占、占补平衡'的原则，负责恢复或重建与所占湿地面积和质量相当的湿地，确保湿地面积不减少"。另外，根据我国海洋保护法，海洋保护实行功能区划制度，某一海域修复目标的确定必须考虑该海域未来规划的用途，尤其是其规划用途为与人体健康密切相关的海域。[①]

第二，根据修复目标制订修复方案，修复方案中应当安排内容、方法、投资估算、效益分析等。

第三，根据修复方案制定详细的修复措施目录，修复措施要针对不同种类的修复目标进行归类。修复责任者要由聘请的或者权威机构指定、委托的专业的修复机构对其进行评估、认定，消减负面影响。比如，对因过度捕捞造成的海洋生态损害进行修复不是仅仅投放某种鱼苗那么简单，而是要考虑生物之间的链条关系，也要考虑人工投放和自然洄游繁殖的差异化；对于污染型海洋生态损害的修复不仅要清除污染物，还要对受影响的生物进行修复，对受到损失的人们的利益关系进行修复、补偿。另外，应当推进海洋生态修复信息共享制度，并邀请专家和社会公众参与讨论修复方案中涉及公共利益的重大事项。

（四）融入公众参与

世代生活在沿海的受生态损害影响的公众对海洋生态环境基本信息较为了解，知道需要什么样的海洋生态环境，清楚生态修复应该达到的目标，因此制定海洋生态修复目标时应当有公众参与。应当根据法律规定，由生态修复责任者发布修复信息，由行政管理机关负责组织公众参与的全过程，责成修复者重视公众意见。在制定修复目标时要遵循环境质量标准要求，综合考虑生态修复海域未来的规划用途，研究修复成本和技术要求，重视相关公众的利益要求，以达到修复海洋自然生态、修复人与海洋关系和人与社会关系的目的。

[①] 何嘉男.中国生态修复法律制度研究[D].咸阳：西北农林科技大学，2018.

第二节　资金保障机制

海洋生态修复是一项庞大的系统性工程，必须有人力、物力、财力的保障。进行海洋生态修复到底需要多少资金？资金从哪里来？这是构筑海洋生态修复制度需要解决的现实、具体的问题。首先，海洋生态修复所需资金的数额应当依据海洋生态损害的价值来确定。海洋生态修复资金的应用目的是修补受损的海洋生态系统的结构和功能，正是因为存在生态损害，才需要修复，修复投入多少应当和损害大小等同，修复所需资金量也取决于可计量的生态损害之价值。其次，大规模的海洋生态修复资金应来源于广泛的渠道。对于责任者明确且责任者资金实力雄厚的海洋生态损害，应当根据环境责任原则由责任者承担修复资金；对于海洋生态损害责任者难以确定或者责任者无力承担修复资金的修复项目，其资金应当来源于国家和社会甚至是国际资金援助，这部分资金的来源主体、出资方式等还应具体情况具体分析。

一、海洋生态修复资金投入量取决于可量化的海洋生态损害价值

（一）海洋生态损害的对象、范围与程度

计算海洋生态损害的具体价值首先要确定损害的对象及其损害的范围与程度。根据《海洋生态受损害评估技术指南（试行）》以及《海洋生态损害评估技术导则 第 1 部分：总则》（GB/T 34546.1—2017）的规定，确定海洋生态损害的对象、范围与程度，需要对相关海域牛态损害进行社会经济调查，主要内容如下：①受影响海域开发利用与经济活动情况，具体可参照GB/T 28058—2011 的有关调查方法；②商品化的海洋生物资源的市场价格；③受影响海域已开展或已完成的生态建设、生态修复工程建设投资费用；④受影响海域环境基础设施建设工程的规划方案与投资费用。背景值〔目标海域在正常自然状态下（未受损害前）的生态、化学、物理指标数据〕应选

择目标海域近三年内的监测数据。在以上工作的基础上，将海水水质、海洋沉积物、海洋生物、水动力和冲淤作为海洋生态损害的评估对象，并确定其损害的范围与程度，详见表6-2。

表6-2　海洋生态损害的评估对象、范围与程度

海洋生态损害评估对象	范围与程度
海水水质	分析海洋生态损害事件前后的水质状况及对水质产生的影响，计算特征污染物不同污染程度，确定超出 GB 3097 各类海水水质标准值及背景值的海域范围和面积，绘制浓度分布图
海洋沉积物	分析海洋生态损害事件发生前后的沉积物的质量状况，计算特征污染物不同污染程度，确定超出 GB 18668 中规定的各类海洋沉积物质量标准值及背景值的海域范围和面积
海洋生物	比较海洋生态损害事件前后海洋生物种类、数量、密度与质量的变化，确定超出 GB 18421 中规定的海洋生物质量标准值及背景值的海域范围和面积。根据海洋生态损害事件引起的污染物在水体和沉积环境中的分布监测结果，结合污染物对特定生境海洋生物毒性，间接推算海洋生态损害事件对海洋生物种类损害的程度与范围。根据直接调查与间接推算结果，综合分析海洋生态损害事件的海洋生物损害程度与范围
水动力和冲淤	对于明显改变岸线和海底地形的海洋生态损害事件，应分析造成的水动力和冲淤环境变化，以及对海洋环境容量、沉积物性质及生态群落的损害情况。受损程度的确定可采取现场调查和遥感调查等方法
结论：综合水质、沉积物、生物、水动力和冲淤等要素的受损范围与程度，开展海洋生态损害的评估。比较海洋生态损害事件发生前后海洋生态系统及主要生态因子的变化，确定主要生境类型及物种的受损程度，得出生态系统损害的综合评价，明确损害事件对海洋保护区、典型海洋生态系统、珍稀和濒危动植物及其栖息地、海洋渔业水域等生态敏感区的损害评估结论	

（二）海洋生态损害价值计算

在生态损害案件中，人民法院判决责任者承担生态修复责任或者缴纳生态修复费用，包括制订、实施修复方案的费用，修复期间的监测、监管费用，以及修复完成后的验收费用、修复效果后评估费用等。生态损害至修复完成期间的功能损害费用由人民法院酌情判定；生态功能彻底永久性损害无法修复的，赔偿金额由人民法院根据实际情况判定。无论是人民法院判定责

任者承担的生态损害赔偿费用还是由行政机关责令责任者承担的修复处罚金费用，抑或国家或者其他组织机构承担的修复资金均要基于生态损害价值的计算。

1.海洋生态损害价值计算的原则

海洋生态损害价值基于生态修复时的费用进行计算，即将海洋生态系统恢复到基线水平所需的费用作为首要和首选对海洋生态损害价值进行计算；同时，还应包括海洋生态损害发生至恢复到基线水平的时间内（恢复期）的损失费用。对于无法修复的情形，则通过替代工程的费用来计算海洋生态损害的价值损失。

2.海洋生态损害价值计算的内容和方法

根据《海洋生态受损害评估技术指南（试行）》以及《海洋生态损害评估技术导则 第1部分：总则》的规定，海洋生态损害价值的计算事项以及每一事项下的具体计算方法与内容如表6-3所示。

表6-3 海洋生态损害价值的计算事项、计算方法与内容

计算事项	计算方法与内容
清除污染和减轻损害的费用	根据国家和地方有关标准或实际发生的费用进行计算。应急处理费用，含应急监测费用、检测费用、应急处理设备和物品使用费、应急人员费等；污染清理费用，含污染清理设备的使用费、污染清理物资的费用、污染清理人员费、污染物的运输与处理费用等
海洋环境容量的损失价值量	采用当地政府公布的水污染物排放指标有偿使用的计费标准或排污交易市场交易价格计算
海洋生物资源的损失价值量	参照GB/T 21678—2008中"天然渔业资源"损失计算
修复费用	替代工程建设所需的土地（海域）购置费用和工程建设其他费用等，采用概算定额法或类比工程预算法编制

二、海洋生态修复资金保障渠道

生态问题具有外部性，包括外部经济性（正外部性）与外部不经济性

（负外部性）。人们享受美好的生态环境就是外部经济性的表现，而开发利用带来的生态问题就是外部不经济性的表现。生态正义要求将生态的外部性内部化：生态正外部性内部化要求生态服务（生态效益）的受益者支付生态系统服务费，是依据环境责任原则内容之一的"受益者付费原则"；负外部性内部化要求生态损害者为其行为承担相应的责任，是环境责任原则内容之一的"破坏者恢复原则"。

外部不经济性是海洋生态问题的经济根源，解决这一问题必须从海洋开发行为的经济成本设置入手，由为了获取经济利益造成海洋生态问题的责任主体主要承担海洋生态修复资金义务，这种义务可以通过生态损害罚款、赔偿款，缴纳海洋生态补偿费、生态修复保证金等方式承担；因历史遗留问题和自然灾害等原因，没有责任主体或者无法确定责任主体，则应由政府承担。同时，海洋生态的改善属于公共利益的范畴，政府作为公共利益的代表，应承担投入部分资金的义务。这种义务可以通过政府财政投入和转移支付、环境税收等方式承担；还可以通过国际援助等方式建立海洋生态修复基金，形成有力的资金支撑机制。

（一）责任者负担

《中华人民共和国环境保护法》第五条规定了损害担责原则，明确了生态损害者应当承担责任的要求，具体体现在两个方面。

1. 缴纳行政处罚罚款

根据《中华人民共和国海洋环境保护法》第二十一条规定："直接向海洋排放应税污染物的企业事业单位和其他生产经营者，应当依照法律规定缴纳环境保护税。向海洋倾倒废弃物，应当按照国家有关规定缴纳倾倒费。"根据法律规定，责任者缴纳的这些环境保护税、排污费、倾倒费必须专款专用于海洋生态修复（污染整治），不得挪作他用。另一种由责任者通过承担行政责任提供修复资金的方式是因为其环境违法行为受到的行政罚款。

2. 生态损害赔偿司法案件中的金钱赔偿责任

我国从 2018 年起在全国范围内开始试点生态损害赔偿制度，损害赔偿金的来源与去向是该制度的重点。根据目前的法律规定，上述责任者缴纳的费用仅限于排污或者倾倒，不包括捕捞等对生态造成的破坏，污染造成的海洋生态损害也并非全部缴纳了排污费，如偶然的船舶泄漏造成的海域污染问题；缴纳了排污费的单位和个人在实际的开发利用中造成的海洋生态损害也可能远远大于所缴纳的费用。目前海洋生态损害赔偿案件并没有明确的可以适用的法律，笔者认为可以比照适用《最高人民法院关于审理生态环境损害赔偿案件的若干规定（试行）》的规定，由受损海域所属的政府或者政府授权的部门、人民检察院作为原告提起海洋生态损害赔偿诉讼。

综上所述，责任者负担的海洋生态修复资金的来源包括缴纳的环境保护税、排污费、倾倒费、接受的环境违法行政罚款以及在诉讼判决后付出的生态损害赔偿金。

（二）政府资金支持

海洋生态修复所需资金数额巨大，如果全部由责任者承担，则很可能无力承担全部责任，难以达到生态修复目标，也可能因为承担巨大的修复责任而无力发展自身经济。另外，有些因历史遗留问题或自然灾害导致海洋生态损害无法确定责任人的，不能放任生态损害继续恶化发展，必须进行修复。那么，面对这种情况，该由谁来修复？又该如何保障修复资金来源？

根据《中华人民共和国环境保护法》第六条的规定，一切单位和个人都有保护环境的义务。因此，基于生态系统整体性要求，一切自然人、单位（包括行政机关）或者其他组织都有一定的生态系统养护义务。我国海洋资源属于全体公民，对于海洋生态系统的养护、治理、修复是我们共同面临的问题，保证和修复海洋生态系统平衡是我们共同的责任。根据环境问题的"外部性理论"和法律的"公平责任原则"，"受益者付费"也是《中华人民共和国环境保护法》规定的环境保护责任原则的内容要求，而国家是全体公民利益的代表，是代表全体公民行使海洋公共财产权的权利人，是海洋公共财产管理权的受托者。因此，应由国家承担海洋生态损害责任者承担之外的修复责任。根据《中华人民共和国海洋环境保护法》的规定，国务院和沿海地方各级人民政府有保护具有重要生态价值的海洋生态系统的义务,应当对遭受破坏的海洋生态进行修复。

目前,就全国范围内的各种生态修复而言,政府出资仍然是生态环境保护的主要资金来源方式。在一些具有重大生态意义、跨区域的大型生态修复项目中,中央财政发挥着重要的支持作用,中央财政会根据项目的规划和需求进行专项资金的拨付。在部分项目中,中央财政资金的占比可能较高,如一些国家级的生态修复示范项目,中央财政资金可能占项目总资金的30%~70%。地方政府也会根据当地的生态环境状况和修复需求,安排相应的财政资金用于生态修复。地方财政资金在一些区域性的生态修复项目中是重要的资金来源,与中央财政拨款共同支持项目的实施。

总体而言,政府为生态修复提供资金支持的主要方式包括政府预算、政府财政拨款、中央和省级政府的转移支付、环境保护税、国有银行的免息贷款。政府预算拨款和财政拨款在生态修复资金中通常占据较大的比重,对于一些重点生态功能区、生态脆弱区的修复项目,政府资金的占比可能会更高。

1. 政府预算

各级政府应在对其管辖内海域生态环境进行调查的基础上,将修复所需要的资金纳入本级政府的预算。实际上,政府预算也一直是海洋生态修复资金的主要来源和最有力的保障。

2. 财政拨款和转移支付

根据沿海各地区经济发展的不同情况,需要中央和省级政府进行资金调拨或者转移支付,协助各地区修复受损海洋生态。比如,2010 年 5 月 18 日,财政部经济建设司、原国家海洋局财务司联合印发《关于组织申报 2010 年度中央分成海域使用金支出项目的通知》(财建便函〔2010〕83 号),通过中央分成海域使用金方式支持地方实施海域、海岛和海岸带整治修复及保护项目。

3. 环境保护税

与环境和资源有关的税收制度，是国家环境管理中经常采用的一种宏观调控工具和经济刺激手段。2018 年 1 月 1 日《中华人民共和国环境保护税法》正式实施，该法第二条规定，在中华人民共和国领域和中华人民共和国管辖的其他海域，直接向环境排放应税污染物的企业事业单位和其他生产经营者为环境保护税的纳税人，应当依照本法规定缴纳环境保护税。环境保护税进入国家级财政，国家应当安排财政预算用于海洋生态修复。

4. 银行低息贷款

通常来说，资金问题是生态修复责任者面临的最大的实际问题，在无其他资金来源的情况下，责任者通常都会进行银行贷款。银行贷款是责任者筹集资金的重要渠道。国家应当鼓励各级各类银行业以免息、低息等形式帮助责任者筹措资金。这其实也是国家通过经济的杠杆作用调节经济发展和生态环境保护之间的关系。[1]

（三）公益基金

基金是指为了特定目的而累积的钱款。海洋生态环境修复基金是指以修复受损的海洋生态环境为特定目的而设立筹集的钱款。为了修复海洋生态环境而设立的不以营利为目的资金，被称为海洋生态修复公益基金。[2] 此种基金是公益性的，捐助是该基金的来源方式，包括个人捐助、社会捐助和国际援助，捐助者也是出于纯粹的公益目的。鉴于海洋的整体性、连通性，国际政府组织或者非政府组织都比较重视海洋生态保护问题，国际援助资金也是海洋生态修复资金的重要来源。比如，世界银行越来越关注海洋问题，海洋生态保护是世界银行支持的重点领域之一。世界银行关注的海洋项目的重点是海洋固体废物的处理、公私伙伴关系建设（包括民间组织参与海洋保护）、知识差距和缺口识别、海洋生态系统估价、人力资源建设与融资等。世界银行在 2012 年 6 月启动了一项海洋行动计划，以支持包括海洋生态修复活动

---

[1] 何嘉男. 中国生态修复法律制度研究 [D]. 咸阳：西北农林科技大学，2018.
[2] 柴宁. 我国生态环境修复基金法律制度研究 [D]. 郑州：郑州大学，2017.

在内的海洋可持续发展。联合国开发计划署全球环境基金资助"加强中国东南沿海海洋保护地管理，保护具有全球重要意义的沿海生物多样性项目"，该项目于 2019 年 10 月进入正式实施阶段。该项目旨在通过整合海洋景观规划和管控威胁，完善海洋保护地政策法规，扩大海洋保护地网络，推动海洋保护地运行，开展海洋保护地和生态敏感区管理示范，推动生物多样性监测和信息共享等。再如，全球环境基金在 2022 年采用小额赠款方式，支持"广州市南沙区坦头村红树林保护与修复科普行动项目"。该项目计划在该地区补种红树林，改善天然红树林区域分布不均匀、群落结构简单的现状。

海洋生态修复公益基金可以分为中央层面和地方层面。前者用于资助全国性的重大的海洋生态修复项目，以及平衡和协调省际海洋生态修复资金；后者以省区为单位，用于全省范围内海洋生态修复项目资金的援助。海洋生态修复公益基金应当由专业团队运作、管理，应当接受来自行政监管部门、媒体、公众及捐助者的监督，确保公益基金用于海洋生态修复目的的实现。

三、完善海洋生态修复资金来源与管理的机制

（一）健全多渠道的资金投入机制

目前，政府投入仍然是海洋生态修复资金的主要来源，对此，应健全多渠道的资金投入机制，以更好地开展海洋生态修复工作。

沿海各地方政府应当以长远的眼光看待海洋生态修复，高度重视该项工作，加大资金支持力度。将修复资金纳入本地政府财政预算；进行金融政策创新，吸引开发性、政策性和商业性金融机构参与进来；完善生态补偿和生态损害赔偿制度，保障这部分资金实际到位；完善资金管理和使用制度，确保海洋生态修复资金专款专用，提高资金使用效率。

（二）建立专项资金账户并健全运行机制

在海洋生态环境损害的司法诉讼中，原告多请求判决被告承担生态环境修复的费用。根据法律规定，这部分费用如下：①制订、实施修复方案的费用；②修复期间的监测、监管费用；③修复完成后的验收费用、修复效果后

评估费用；④生态环境受到损害至修复完成期间服务功能损失的费用；⑤请求第三方专业机构修复的咨询、技术、劳务费用等。上述费用是以受损海洋生态具修复的可能性和可行性为前提的，这些费用的性质就是生态修复费用，专项用于生态修复，而不能当作生态损害赔偿金。只有在受损海洋生态不可能或者不能完全被修复时，法院判决被告支付的费用性质才是损害赔偿金。

环境民事公益诉讼的原告方多为环境公益组织，原告提起公益诉讼并非由于自身利益受到损害。损害赔偿是对受害者的赔偿，作为原告的公益组织并非受害方，不能接受法院判决的生态损害赔偿款。那么这部分资金到底应该如何归属？该如何运营？谁来监管？

在司法实践中，不同法院有不同的处理方式。比如，有的法院尝试将诉讼中的生态修复资金放入公益基金账户，有的法院环境资源审判庭将该部分资金放在财政局设置的专项资金账户中。关于修复资金的归属与运行，笔者认为，考虑到政府机关更具公信力和安全性，可以尝试在政府财政局部门设立专项海洋生态修复基金账户，法院、财政局、环保部门、海洋部门一起协商该资金的交付和使用方式。该资金用于海洋生态修复的整个过程的信息应当向社会公开，接受社会公众的监督，当地海洋部门和环保部门应当联合监督该资金的管理和使用的全过程。

建立合理的资金保障机制不仅可以保证海洋生态修复工作的开展，还能有效实现海洋生态修复的可持续性与海洋生态保护的长期性，最终呈现健康海洋生态，实现生态正义。

第三节　科学技术保障机制

技术是支撑海洋生态修复的关键因素。目前，海洋生态修复技术研究在海洋生态学、海洋工程学研究领域取得多项进展，有的已实际运用于修复实践中。但是整体来说，人们开发利用海洋的动力大于修复保护海洋的动力，鉴于成本和制度因素，技术的进步在海洋生态修复中的应用有待推进。因此，必须加强对科学技术保障海洋生态修复机制的研究，建立科技引导机制。

一、技术性规范的保障

海洋技术法律规范是指一系列的开发利用海洋的技术规则、操作规程和各种标准等。海洋技术法律规范是引导海洋生态修复的法律依据。

（一）海洋标准和调查、监测技术规程

海洋标准是维持海洋生态环境质量，保障海洋生态系统健康的准则、规范，也为人们的海洋活动划定了边界，如渔业可捕捞标准及捕捞渔具标准就是海洋生物质量标准以及规范人们海洋行为的准则。调查和监测的技术规程主要是对从事海洋调查和监测的部门的相关行为做出的技术指引与要求，具体是对调查监测方法、数据管理和监测站点的运作的规范，目的是获得客观准确的海洋开发、利用、保护、管理、修复的相关海洋生态系统生境、生物资源的信息。根据《海洋生态损害评估技术导则 第 1 部分：总则》，目前我国海洋生态修复所依据的海洋标准和调查、监测技术规程如表 6-4 所示。

表 6-4　我国海洋标准和调查、监测技术规程

标准编号或技术规程名称	类别	内容
GB/T 12763.1	海洋调查规范	总则
GB/T 12763.2	海洋调查规范	海洋水文观测
GB/T 12763.3	海洋调查规范	海洋气象观测
GB/T 12763.4	海洋调查规范	海水化学要素调查
GB/T 12763.6	海洋调查规范	海洋生物调查
GB/T 12763.7	海洋调查规范	海洋调查资料交换
GB/T 12763.9	海洋调查规范	海洋生态调查指南
GB/T 12763.10	海洋调查规范	海底地形地貌调查

标准编号或技术规程名称	类别	内容
GB 17378.1	海洋监测规范	总则
GB 17378.2	海洋监测规范	数据处理与分析质量控制
GB 17378.3	海洋监测规范	样品采集、贮存与运输
GB 17378.4	海洋监测规范	海水分析
GB 17378.5	海洋监测规范	沉积物分析
GB 17378.6	海洋监测规范	生物体分析
GB 17378.7	海洋监测规范	近海污染物生态调查和生物监测
海洋自然保护区监测技术规程	海洋监测规范	海洋自然保护区监测

（二）操作规范和禁止性规范

1. 操作规范

操作规范就是海洋生态修复所必须依据的符合自然规律要求的操作规程。这类规范属于引导型或者指导型规范，具有一定的强制性，被要求普遍遵守，且未遵守操作规程的海洋开发利用行为或者生态修复活动，均要承担一定的不利益，引起严重污染、破坏海洋生态后果的，还要承担相应的法律责任。严格遵守此类操作规范对于海洋生态保护具有重要意义。海洋生态修复法律制度建设要以海洋生态修复技术为中心，围绕生态技术的要求构建操作规范体系，引导人们规范海洋生态修复技术的运用，使生态修复工作不偏离技术要求。

2. 禁止性规范

海洋法律中的禁止性规范属于法律的强制性要求，具有更强的法律效力，体现国家对海洋生态保护的强势态度和严格的要求。禁止性规范中多用"禁止""不得"等语气强烈的词语，体现法律的威严并明确违反此类规范的强制性后果。海洋保护中的禁止性规范多是指人们不得从事的海洋开发利用行为。比如，《中华人民共和国海洋环境保护法》规定，在钻井施工中不得使用将油基泥浆和有毒复合泥浆排放入海的技术手段，在海洋开发施工中，残油、废油必须回收；《中华人民共和国渔业法》关于禁渔期、禁渔区的规定，关于禁止采用电鱼、炸鱼、毒鱼的捕捞手段，禁止使用最小网眼渔具捕鱼的操作要求；《中华人民共和国海岛保护法》关于禁止改变海岛岸线、采挖、破坏珊瑚礁的规定等。在国际法中，"禁止未经正式许可或批准捕鱼的船只在公海捕鱼，和禁止船只不按许可证、批准书或执照的规定和条件在公海捕鱼"是国际法层面对跨界鱼类和高度洄游鱼类的捕捞主体以及捕捞方式的规定。而对特殊海洋生态系统的特殊保护手段更是较多地使用了禁止性规范，如禁止在珊瑚礁等典型海洋生态系统保护区的核心区内从事一切可能对海洋生态造成不良影响的活动。上述各种海洋保护法规中的禁止性规范均是对人们开发利用海洋所采取的技术行为做出规定，给予海洋以"休养生息"的机会，对海洋生态修复工作的开展具有重要意义。

（三）管理性规范

在海洋法律中的管理性规范是指那些站在一定高度给予海洋环境保护技术以宏观、整体上的战略安排，属于管理型技术措施的规定。比如，《中华人民共和国海洋环境保护法》中规定的海洋功能区划制度。海洋生态修复的具体科学技术从微观上保障修复工程的开展，而管理技术是从宏观上把控修复工作的方向进度，保障修复工作有效开展。海洋生态修复法治建设中需要深入研究修复过程管理技术，充实、完善修复过程中的管理性规范，使整体生态修复的管理更为科学和高效。

二、强调海洋生态修复的过程引导机制

对于一些独特、敏感、脆弱且颇具生态价值的海域可以通过建立自然保护区的方式进行生态修复，属于目标导向型，修复目标就是"恢复原状"，恢复到受损前的生态指针状态，修复生态系统原貌。但是对于港口、海岸带、渔场等属于需要边开发、边养护、边修复的海域，并非必须采用建立自然保护区的修复方式，也不强调达到"恢复原状"的修复目标。既要关照海

洋自然生态的修复，也要关照人类因海洋生态资源利用而产生的各种经济利益关系，即人类社会生态的修复。最终目的不是要交还一个完好无损的未受任何人类影响的自然海洋生态本底，而是要呈现出一个人类与海洋关系在生态修复过程中的良性互动，既能进行自然生态的修复，也能保障人类以科学的态度、合理的开发技术手段持续地利用海洋资源，持续发展。

过程导向修复模式注重修复过程，在修复过程中要逐步体现海洋生态指标的好转，同时要兼顾人们的海洋生态利用利益，总体方向是修复目前严重恶化的海洋生态，使之向好发展，长远实现人海关系的和谐。但是在具体过程中可以灵活处理，可以分为多个修复周期，设定阶段性的修复目标。每个阶段的目标不同，修复工作重点也不同，运用的修复技术也不同。比如，可以考虑采用"轮修"的方法，将整个修复周期分割成若干时期，不同的时期设定不同的修复目标和重点，或者将大的目标海域分成若干个小的海域，每个小海域设定不同的修复周期和修复目标，轮流限制开发、禁止开发，做到在修复中开发，在开发中修复。

三、海洋生态修复技术运用的政策保障机制

国家可以通过政策鼓励、引导有利于海洋生态修复的各类技术的运用。比如，鼓励运用减少海水污染的养殖技术，开展清洁养殖、集约化养殖、多元立体化养殖等；运用海洋工程技术建造大型鱼圈和监测系统；加强海洋生物工程高新技术研究，积极培育养殖新品种；推广混养、间养、套养、轮养等高效生态养殖新技术；通过补贴鼓励从事捕捞业的渔民改以种植海洋藻类、培育珊瑚礁为业。通过上述国家政策，一方面限制从海洋过量获取行为，减少野生海洋资源的捕获量；另一方面鼓励充分开展人工渔业养殖，鼓励反哺海洋的行为。这种限制索取，鼓励投入的政策目的是通过海洋生态系统生物资源的数量和结构，优化海洋无机环境，最终实现海洋生态系统修复。

四、政策支持金融机制创新以带动海洋生态修复技术创新

创新海洋生态修复投融资机制，引导民间资金、金融机构资金投入海洋生态修复技术研发、实施的各个领域，支持海洋生态修复技术研究的高新企业的创立和发展，推动海洋生态修复技术的进步。

政策支持金融机制创新为海洋生态修复带来了多方面的积极影响：政策引导下的金融创新实现了资源的优化配置，构建了有效的风险分散机制，促进了海洋生态修复技术的发展，为实现海洋生态修复的目标提供了有力保障。未来，应继续加强政策引导，推动金融创新，促进海洋生态修复技术的不断进步，为保护地球生态环境做出更大的贡献。

第七章

海洋生态修复的实践

第一节　海岸带修复——基于围填海项目造成的破坏

海洋生态修复是解决海洋生态破坏问题和建设美丽海洋的必然要求，是加强海洋生态系统保护和保障国家海洋生态安全的必要手段。海岸带生态修复是海洋生态修复的重要内容之一，是保护国家自然岸线，保障海岸带湿地、滩涂环境质量和保持生物多样性的重要手段。造成海岸带生态损害的原因有多种，围填海项目是其中破坏性最大的。海岸带不仅具有资源价值，也具有生态价值。围填海项目在利用海岸带的资源价值时，必然会造成其生态价值的损失。因此，人们必须通过开展海岸带生态修复尽可能地弥补生态价值的损失。

一、海岸带的概念和范围

（一）海岸带的相关概念

海岸带是指陆地与海洋相互作用的地带，是沿海国家经济、人口、各种生产要素的集聚区，是宝贵的国土区。要确定海岸带的概念和范围就需要确定以下几个概念和范围。

1. 海岸线

海岸线是陆地与海水的分界线，也是陆地管理与海域管理的分界线。海岸线之上属于陆地部分，归属陆地管理，是沿海地方政府行政管理的范围。海岸线之下的滩涂属于海域部分，归属海域管理，是海洋行政管理的范围。

那么，我国海岸线究竟指的是哪条线，长度是怎么算出来的？

目前较为公认的海岸线的定义采取"平均海水高潮线"或者"多年平均大潮高潮线"说。① 我国海洋的陆地边缘线就是通过这种方法测画出来的，同样，沿海行政区域向海一侧的陆地边缘线也是这样测画出来的，这两条线是重合的，都是采用的平均高潮线或者多年平均大潮高潮线的方式确定的海岸线。此种海岸线的定义方法也可以通过我国目前的一些立法规定得到印证：《广东省海岸带保护与利用管理办法》与《福建省海岸带保护与利用管理条例》的第二条第三款同样都规定，海岸线是指"平均大潮高潮时水陆分界的痕迹线"。

在其他场合人们也会经常提到"海岸线"或"岸线"，如"岸线经济""岸线管理"等概念。需要说明的是，在非对"海岸线"进行严格定义的场合下，人们提到的"海岸线""岸线"的含义往往并非一条"线"，而是一个狭长的"面"。这样的"岸线"概念不仅包括真正海岸线在内，还包括海岸线向海一侧以及向陆一侧、宽窄不一的狭长区域。该区域内的各行各业（如造盐、养殖、潮汐能源、港口、渔业、旅游业等）正是依赖海岸线资源发展起来的。

2. 海岸

海岸是海洋向大陆过渡的一个狭长区域。海岸向海一侧的界限应当是海岸线。而目前通常认为海岸向陆地一侧的界限是从海岸线向陆域延伸到地形

---

① 邵正强. 某些海洋区域性专用名词的法律性定义问题 [J]. 海洋与海岸带开发，1992（1）：73—79.

面貌有了首次较大转变为止的全部陆地区域，其宽度大小不等。[①]那么地形面貌呈现出怎样的变化程度才算是符合"有了首次较大转变"的特征呢？这个需要由自然地理科学给出界定。由于海洋生态修复属于海洋保护法律实施及海洋管理的范畴，因此海岸的定义需要结合社会、经济发展的实际需要来进行。所以，地形面貌应包括人工改造过的地理状态，其具体宽度可根据自然地理特征，结合社会实际状况，经过有关部门共同研究、协商后，由当地人民政府或立法机关确定，依此进行分工管理。海岸是陆地和海洋相接部分，具有陆海双重性。海岸和陆地这种密不可分的相互依赖关系决定了海岸地区管理的复杂性：土地和海洋的行政主管部门在对海岸进行管理工作时会存在一些交叉的情况，如何协调土地部门和海洋部门对于海岸的管理职责也是海洋生态修复中的重要内容。

3.海岸带

海岸带是指陆地与海洋相互作用的地带。它包括自海岸线向陆域延伸部分和向海域延伸部分。海岸带是从海岸算起，向陆域延伸10千米，向海域延伸至15米等深线的区域。海岸带拥有丰富的自然资源和海洋能源，具有多方面开发和利用的价值，资源、产业、城市复合度高，是经济社会发展的活力和潜力较大的区域。

综合而言，海岸带经济是经济社会发展的引擎和人类活动集中地区，其可持续发展对区域乃至国家经济社会发展，有着重要的辐射与带动作用。因此，加强对海岸带的保护与管理，有利于科学开发、利用海岸带资源，保护海岸带生态环境，获得更大的社会效益、生态效益和经济效益。

（二）海岸带的范围

1.沿海滩涂

（1）沿海滩涂的概念

沿海滩涂包括海滩和海涂，二者的主要区别是所构成的基质不同：海滩

---

① 邵正强.某些海洋区域性专用名词的法律性定义问题[J].海洋与海岸带开发，1992（1）：73-79.

由松软的细砂石、沙砾、卵石构成，海涂由湿性的淤泥质、软泥沙构成。人们通常将海滩和海涂统称为海滩，本书所说的海滩是指由淤泥质、软泥沙、砂石、砾石、卵石构成的一定的区域范围。虽然人们对沿海滩涂的认识逐渐深入，却难以对其法律概念达成共识，对其法律性质的认定也存在差别。概念认识不清导致不同概念之下滩涂边界划定也不一致，而统计口径的不同，使得统计机构得出的我国沿海滩涂的面积资料也不同，甚至差距很大。

海洋行政主管部门将滩涂界定为平均高潮线以下低潮线以上的海域，是属于海域（海洋）的范畴；国土资源管理部门则界定为沿海大潮高潮位与低潮位之间的潮浸地带，属于土地的范畴。学术界对沿海滩涂的定义也存在差异，主要有以下几种：滩涂仅仅是潮间带部分，即海水涨潮时到达的最高潮线和退潮时到达的最低潮线之间的时而在海面下时而露出的潮湿部分；滩涂应当包括潮间带和潮上带（海水最高潮线以上的潮湿部分），而不能包括潮下带（海水最低潮线之下的淹没在海面之下的浅滩部分），潮下带应当属于海洋，而不是滩涂；滩涂应当包括潮间带和潮下带，而不包括潮上带，因为潮上带属于陆地部分。

全国科学技术名词审定委员会认定的沿海滩涂是指沿海最高潮线与最低潮线之间底质为淤泥、沙砾或软泥的海岸区。[①] 此概念指出了滩涂的位置是位于海水最高潮线和最低潮线之间，即潮间带；滩涂地质状态应当是淤泥、沙砾和软泥，而不是硬质的岩石地质状态，后者将会被认定为陆地地质，属于陆地。如果按照此种方法定义，沿海滩涂就是指潮间带。需要说明的是，一些潮间带区域曾经属于海滩，即海洋的组成部分，但是由于通过大规模的筑堤、围海造地等围填海工程从潮间带获得的滩地已经位于海岸线（此海岸线属于人工形成的）之上，理论上已经不属于海滩。对海洋生态造成破坏的不合理的围填海工程也是本书探讨的海洋生态修复的领域，因此，此种方式获得的潮上带尽管不属于理论上海滩的范围，但是仍属于本书论述的海洋生态修复的范围。

---

① 方如康. 环境学词典 [M]. 北京：科学出版社，2003：47.

沿海滩涂应该有一个明确的范围界定，否则，会给海洋执法和管理带来障碍。其实，在定义滩涂时不应当仅考虑其地域属性和地质属性，还应当考虑其生态属性，尤其是海洋生态保护领域中，更应该着眼于甚至放大滩涂本身固有的生态属性来界定其概念。这种生态属性是指滩涂的原生、自然、荒芜，能够成为海洋生物生存、繁衍的物质场所，呈现出一定的海洋生态系统平衡。凡是不具有生态性的海洋地域不能被称为滩涂，哪怕位于潮间带，但是已经被围海造田的地域就应当被排除在滩涂之外。凡是具有生态性的淤泥质、砂砾质和软泥质海洋潮湿地带，都可以被称为滩涂，其范围可以更广一些，包括潮上带、潮间带和潮下带。其中，潮上带和潮间带的范围宽窄不一，几十米至几千米；潮下带的边界是海水退潮时水面下 10 米等深线处。综上所述，本书对滩涂的定义是位于潮上带、潮间带、潮下带的能够为海洋生物提供生存、栖息、繁衍物质场所的淤泥质、砂砾质、软泥质海洋地域。除了"海陆交互"的地域特征，能够成为海洋生物的生态物质场所也是其本质特征，是人们对受损海洋滩涂开展生态修复工作的意义和依据所在。

（2）沿海滩涂的作用

第一，缓解或消除海浪侵蚀的作用。海浪对海岸线的冲刷作用是很大的，尤其是在近岸港口大型轮船经过时所带动的海浪冲击力较大。而沿海滩涂本身的宽度以及滩涂大量的植被可以缓解甚至抵消海浪对海岸线造成的冲刷、侵蚀效应。

第二，保护生物多样性，维持海洋生态健康。沿海滩涂属于水陆交汇处，地质地貌独特，陆生、水生、水陆两生的动植物都可以把滩涂当作家园。丰富的生物多样性可以维持海洋生态平衡，基于此，沿海滩涂也被称为"基因库""物种超市"。

第三，调节气候，净化海岸带环境。湿地、海洋、森林并称为地球的三大生态系统，调节整个地球的气候，被称为"地球之肺"。而沿海滩涂则更是具备湿地和海洋的双重功能，调节气候的作用至关重要。丰富的植物群落可以吸收 CO_2，释放 O_2，对调节全球气候非常重要。丰富的植物根系也有助于固着缓慢水流中的沉淀物并将其中的有毒物质吸收或转化。但是如果滩涂被严重污染和破坏的话，这种自身消除污染的能力就会下降，形成恶性循环。

第四，景观、娱乐功能。"面朝大海，春暖花开"是一种人生追求，也表明了人们向往的立足点——岸滩。人们对大海的青睐多是对岸滩的热衷。沙滩、泥滩、岩滩、红树林、珊瑚礁的景观和娱乐功能越来越凸显，吸引着无数人前往。也正因为如此，人们更要加强岸滩保护，修复受损岸滩，提升海岸带治理水平。

2. 滨海湿地

1992年，中国加入了《关于特别是作为水禽栖息地的国际重要湿地国际公约》，由此，"湿地""湿地保护"等概念进入中国生态环境保护的话语领域。滨海湿地是湿地的一种，是指介于海洋水体和陆地之间过渡地带的生态系统。根据《中华人民共和国海洋环境保护法》第一百二十条第四款规定："滨海湿地，是指低潮时水深不超过六米的水域及其沿岸浸湿地带，包括水深不超过六米的永久性水域、潮间带（或者洪泛地带）和沿海低地等，但是用于养殖的人工的水域和滩涂除外。"

虽然许多研究者将"沿海滩涂"和"滨海湿地"两个概念等同，但其实它们还是存在差别的，从字面意思看，"滨海"比"海岸"的范围要大。《中国统计年鉴2010》认为，"滨海湿地"是指"近岸及海岸湿地"。其中"海岸湿地"略等同于"沿海滩涂"，而滨海湿地事实上还包括河流入海口的河口湿地、沿海河流湿地、沿海湖泊湿地，只要处于海岸带范围内的湿地都属于滨海湿地。

介于陆地生态系统和水生生态系统之间的湿地生态系统，由湿生、沼生和水生生物及支持其生命力的无机环境组成，具有较高的生产力。滨海湿地生态系统是连接陆地生态系统与海洋生态系统的关键交错带，不仅具有提供水产品、净化水质、减缓风暴潮和台风危害等生态系统服务功能，而且是众多迁徙水鸟繁育、停歇和越冬的关键栖息地，在生物多样性保护上具有十分重要的意义。

3.红树林

红树林是以红树植物为主体的潮滩湿地木本生物群落，是生长于热带、亚热带陆地与海洋交界带的滩涂浅滩上的红树科植物，与其周围环境共同构成的生态功能统一体，其作为全球初级生产力最高的生态系统之一，具有很强的固碳能力和很高的碳储量，是全球生态系统中重要的碳库之一。红树林为众多水生动物、鸟类提供了栖息和觅食的场所，不仅有重要的生态学意义，更是抵御海浪和风暴潮的坚固防线。此外，红树林也是多个国家法律明令禁止毁坏的海防林木，多个国际公约和国内法规都对红树林保护有明确规定。

4.珊瑚礁

珊瑚礁是指以珊瑚礁为主体，与礁栖动物和植物共同组成的集合体，为热带浅海所特有，其生物群落种类丰富、多样性程度较高，被誉为"海洋中的热带雨林"。在深海和浅海中均有珊瑚礁存在。珊瑚礁根据礁体与岸线的关系分为岸礁、堡礁和环礁，根据形态分为台礁和点礁等。岸礁，沿大陆或岛屿岸边生长发育，也称为裙礁或边缘礁。在我国，受围海造地影响的主要是岸礁。根据生长环境，珊瑚分为深海珊瑚和浅海珊瑚。深受围填海工程影响的浅海珊瑚属于《濒危野生动植物种国际贸易公约》附录二的生物，相当于国家二级保护动物。

珊瑚礁具有十分重要的经济、自然、生态价值：能为沿海居民提供食物来源，并为他们创造大量工作机会；作为旅游观光景点，带来可观的收入；作为自然防波堤，阻挡海浪和飓风的侵袭；蕴藏着丰富的油气资源和矿产资源；为许多动植物提供了生活环境，就连大洋深处的鱼类也会来珊瑚礁产卵、孵化，直至幼鱼长大返回大洋。可以说，珊瑚礁系统是海洋生命的摇篮。

二、海岸带围海造地的后果

(一)自然岸线保有率降低和沿海湿地面积大幅减少

围海造地的直接后果首先是我国的自然岸线逐渐消亡,湿地、滩涂自然岸线被人工的钢筋水泥岸线取代;其次是滨海湿地面积减少。据全国第一次和第二次湿地资源调查结果,2003—2013 年,中国近海与海岸湿地面积减少了 136.12 万公顷,减少率为 22.91%。《中国沿海湿地保护绿皮书(2017)》指出:沿海 11 省湿地健康指数评估得分平均为 59.2 分,整体处于亚健康状态。围海造地工程占用大量沿海滩涂湿地,导致其生态服务功能基本消失。

(二)海洋生物资源受到破坏

首先,大规模围海造地占用和破坏了作为我国海洋经济持续发展重要基础的渔业资源的产卵场、索饵场、越冬场和洄游通道("三场一通道"),与水污染、过度捕捞、气候变化等并列为渔业资源退化的主要原因。大规模的围海造地工程造成水动力、纳潮量、海水泥沙盐分等海洋物理性条件发生改变,导致水交换能力变差,水质下降,海洋生物资源底栖破坏、食物链断裂,生物多样性下降,海岸生态系统退化。其次,围海造地侵占和破坏沿海湿地,破坏动物的觅食地,直接威胁迁徙水鸟的生存,还导致许多珍稀物种濒临灭绝。

(三)海洋污染加剧

围海造地导致海岸带自然环境的物理、化学、生物特性持续性变化,形成污染。除了围填海本身产生的工程垃圾和工程噪声,其形成的水产养殖、港口码头和临港工业等活动加大了海域内污染物的排放量,致使近岸水环境和底泥环境受到污染。这种污染会从近海岸向海洋深处扩散,造成更严重的远洋污染。围海造地还会导致海岸水动力系统和环境容量剧变,环境承载力大大减弱,进一步加剧污染,使海洋生物多样性和生态系统健康遭受威胁。

三、实现海岸带生态修复的路径

（一）严控围填海数量和规模

任何人工的围填海项目均会对海岸带自然生态本底造成损害，因此，国家对围填海项目进行了严格管控。

1.中央层面的管控

2015 年以来，中央层面密集出台一系列相关政策，要求对围填海项目的数量和规模进行严格管控。

2015 年发布的《中共中央 国务院关于加快推进生态文明建设的意见》明确指出，到 2020 年，"湿地面积不低于 8 亿亩""自然岸线保有率不低于35%"。2017 年印发的《围填海管控办法》提出，要"严格控制围填海总量"，严格控制围填海活动对海洋生态环境的不利影响。2018 年发布的《国务院关于加强滨海湿地保护严格管控围填海的通知》，要求从"严控新增围填海造地""加快处理围填海历史遗留问题""加强海洋生态保护修复""建立长效机制""加强组织保障"几个方面管控围填海问题。该通知从"严控新增项目"和"严格审批程序"两个方面体现"严控新增围填海造地"，要求"除国家重大战略项目外，全面停止新增围填海项目审批。新增围填海项目要同步强化生态保护修复，边施工边修复。未经批准或骗取批准的围填海项目，由相关部门严肃查处，责令恢复海域原状，依法从重处罚"。该通知要求从"严守生态保护红线""加强滨海湿地保护""强化整治修复"几个方面加强围填海生态修复，并建立长效机制和加强组织保障。2018 年，《自然资源部关于进一步明确围填海历史遗留问题处理有关要求的通知》要求按照"坚持生态优先、集约利用""坚持分类施策、分步实施""坚持依法依规、积极稳妥"的基本原则妥善处理围填海历史遗留问题，对于已取得海域使用权但未利用的围填海项目，应当加快开发利用，进行必要的生态修复，最大限度控制填海面积；对于未取得海域使用权的围填海项目，应当严格依法处置，要求开展生态评估和生态保护修复方案编制，按要求报送具体处理方案，进行完整性、合规性和一致性审查，办理用海手续，组织开展生态修复。2023年，《自然资源部关于进一步做好用地用海要素保障的通知》要求加快对"未批已填"围填海历史遗留问题的处理，优化项目用海用岛审批程序。2024年，《自然资源部关于保护和永续利用自然资源扎实推进美丽中国建设的实施意见》提出，健全海洋资源开发保护制度，严格保护自然岸线，严控新增围填海，探索建立海岸线占用与修复平衡制度，确保大陆自然岸线保有率不低于35%。

国家在围填海管控过程中，始终将海洋生态保护放在重要位置。一方面，通过严格管控围填海，减少对海洋生态环境的破坏。严控新增围填海造地，除国家重大战略项目外，全面停止新增围填海项目审批，有效保护了滨海湿地、红树林、珊瑚礁等近海生物重要栖息繁殖地和鸟类迁徙中转站。另一方面，加强海洋生态保护修复。严守生态保护红线，确保海洋生态保护红线面积不减少、大陆自然岸线保有率不降低、海岛现有砂质岸线长度不缩短，逐步修复已经破坏的滨海湿地。国家围填海管控政策和措施的实施，对于保护海洋生态环境、实现海洋资源的可持续利用具有重要意义。

2.地方层面的管控

在国家政策的指引下，各地方人民政府出台相关政策，对围填海数量和规模进行严格管控。

2017年，中共海南省委发布《关于进一步加强生态文明建设谱写美丽中国海南篇章的决定》，该决定指出，要"坚持依法用海、规划用海、集约用海、生态用海、科技用海，实施严格的围填海总量控制制度和规范审批程序，除国家和省重大基础设施建设、重大民生项目和重点海域生态修复治理项目外，严禁围填海"。

2018年，天津市人民政府印发《天津市海洋生态环境保护实施方案》，该方案指出，到2020年，实施最严格的围填海限批政策，自然岸线保有量不低于18千米，保有率不低于5%；海洋国土空间生态保护红线面积占本市管辖海域总面积的比例不低于国家要求……湿地面积不减少。该方案提出，按照国家关于围填海管控"十个一律"和"三个强化"的要求，实施最严格的围填海限批政策，暂停审批新增围填海和占用自然岸线的用海项目；严格落实《海岸线保护与利用管理办法》等有关规定，制订自然岸线保护与利用的管控年度计划；严禁在现有自然岸线从事可能改变自然岸线属性的开发建设活动；加大沿海滩涂生态保护和修复力度。

2019年，广东省人民政府印发《广东省加强滨海湿地保护严格管控围填海实施方案》，该方案指出，严控新增围填海，除国家重大战略项目外，全面停止新增围填海项目审批。属于国家重大战略项目并涉及新增围填海的，由项目所在的沿海地级以上市人民政府将围填海申请及报批材料报送省自然资源厅、发展改革委审核。符合审批条件的用海，由省自然资源厅、发展改革委联合报请省人民政府同意后，上报国家发展改革委、自然资源部。

国家应严格管控围填海，制定修复目标和策略，从而改善海洋生态环境。各地通过积极开展生态环境保护督察等方式，加强对围填海行为的监督检查，严肃查处违法、违规围填海项目。

（二）健全围填海的管理调控制度

1. 应当对围填海进行全面科学的规划

一方面，应当编制与围填海相关的各项规划，如土地利用规划、海洋功能区划、城市总体规划、区域建设用海规划以及海岸线保护与利用规划等。除了开发利用，规划设计也应当体现海洋生态保护的思想，如可以设计海洋公园、湿地公园、生态长堤、人工珊瑚礁等作为生态修复项目成果。另一方面，进一步强化围填海的总量控制和分类管理，根据实际情况分为禁填区、限填区和控制区，并确定各填海区的具体岸线、总体控制目标、开发利用类型、规划，提出各级围填海工程项目的审批管理制度。通过开展区域围填海适宜性的本底调查和评价，将规划设计的生态保护指导思想和方向以及调查评价结果作为海岸带生态修复的指引和基础。

2. 在围填海审批中重视环境影响评价

根据《中华人民共和国环境影响评价法》的规定，任何对环境有影响的规划和建设项目都应当进行环境影响评价。环境影响评价文件是围填海规划和项目审批中必不可少的材料和依据。环境影响评价文件中应当详细标明围填海项目对海岸带生态的不良影响，以及缓解或消除影响的生态修复措施。在项目报批政府审批之前，环境影响评价文件部分应当首先报海洋行政主管部门批准，之后再连同其他项目材料一起报政府批准。环境影响评价审批应当具备"一票否决"的效力。经审批的环境影响评价文件中所载明的生态修复措施是以后开展海岸带生态修复的依据。《中华人民共和国环境影响评价法》还要求对项目依照环境影响评价文件开展的生态保护措施效果进行事后评价。根据此规定，海岸带生态修复的实施也要进行事后评价，依据修复效果，提出进一步的修复措施。

3.重视围填海生态修复项目的督察

应当按照围填海项目规划、环境影响评价、海域使用论证报告等文件中确定的生态修复方案开展生态修复工作，海洋行政主管部门应当强化对海岸带生态修复工作的监测、督察。对此，海洋行政主管部门可以加大督查力度，将国家海洋督察的对象扩大至沿海省、自治区、直辖市政府及其海洋行政主管部门和海洋执法机构，可下沉至设区的市级政府，以完善政府内部的层级监督和专门监督，落实主体责任。可以通过定期的现场巡查和专项督查，形成围填海生态修复的评估和管理机制。

综上所述，健全的围填海管理与调控制度是海洋生态修复的依据和保障，是事关海洋生态修复的各项制度建设的重要内容。围填海管理与调控制度框架如图7-1所示。

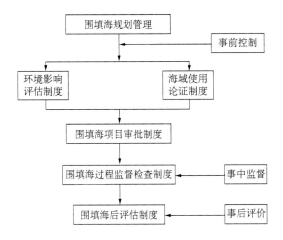

图 7-1 围填海管理与调控制度框架

（三）加强海洋综合管理，强化执法

海洋执法应着重从行业执法转向综合执法，强化海洋行政管理部门的职权，整合职能相同或相近的部门，成立一支强大的海洋执法队伍，实行统一、集中执法。

地方要配合中央，转变发展思路，在进行围填海审批时，将海洋生态利益置于经济发展利益之上，建立地方政府领导问责制；强化地方海洋行政部门的职权，使其成为地方海洋行政管理、决策的主体。此外，建议将违法填海的利益所得扣除罚款后用于海洋生态修复。

（四）健全生态损害赔偿和生态补偿制度

通过制度建设，将生态损害成本纳入价格形成机制，可以保证稳定、持续的海岸带修复资金投入。为了达到发展经济和保护生态环境平衡的目的，生态环境损害赔偿、补偿办法应当纳入政府决策。

在实践中，围填海投资商应当在项目规划阶段就进行生态价值损害评估，衡量自身是否能够承担生态损害赔偿金或补偿金。如果确定能够承担，但自身没有进行生态修复能力，那么可以将生态修复工程委托给第三方，请专门的生态修复公司进行修复，尽可能找到经济增长和生态环境保护之间的平衡点。

第二节 海岛生态修复——基于海岛生态安全的考虑

一、海岛概况和海岛生态系统

（一）海岛概况

海岛是指四周为海水所包围、高潮时露出海面的陆地，包括有居民海岛和无居民海岛，还可以包括用于确定领海基线、军事、自然保护区等有特殊保护价值的特殊用途海岛。据《2022 年中国自然资源统计公报》发布的数据，我国共有海岛 11 000 多个，其中面积大于 500 平方米的海岛 6 500 多个，有常住居民的岛屿 460 多个。我国海岛分布南北跨 38 个纬度，东西跨 17 个经度的海域。我国最北端的海岛是辽宁省的小笔架山，最南端的是海南省三沙市的南沙群岛，最东端的是钓鱼岛诸岛的赤尾屿。我国海岛在各海域的分布，按由多到少分别是东海、南海、黄海、渤海。按各省（自治区、直辖市）海岛数量排位，第一位是浙江省，拥有海岛 4 350 个，海岛面积 2 022 平方千米，约占浙江全省面积的 0.19%；第二位为福建省，拥有海岛 2 214 个，海岛面积 1 156 平方千米；之后依次为广东省 1 963 个、广西壮族自治区 643 个、辽宁省 633 个、山东省 589 个、河北省 92 个、江苏省 26 个、上海市 26 个、天津市 1 个。我国海岛主要是基岩岛，占总数的 90%；冲积岛占 5% 以下，主要分布在渤海及大河河口处；珊瑚岛约占 5%，主要分布在台湾海峡及南海。

（二）海岛生态系统

海岛生态系统是由海岛的陆地、滩涂区域和环岛浅海等部分及其各自拥有的生物群落构成的相对独立的生态系统。[①] 按照生态环境、地域范围、

[①] 全永波，邱镜儒. 基于生态系统的海岛资源管理制度完善 [J]. 浙江工业大学学报（社会科学版），2018，17（1）：35-40.

生物群落差异性等特征可以将海岛生态系统分为岛陆、潮间带、近海海域等生态子系统。《中华人民共和国海岛保护法》所称的海岛保护，是指"海岛及其周边海域生态系统保护，无居民海岛自然资源保护和特殊用途海岛保护"。

由于海岛远离大陆，孤身处于海水包围之中，和外界沟通有限，珍稀物种得以保存，成为物种的基因库；海岛独特的地理位置使其成为海鸟的栖息地，使其周边海域成为鱼类的繁殖场所和洄游通道等。虽然海岛生态系统具有海陆二相性，较为独特、相对完整，但也较为孤立、单一、脆弱，极易因为片面的污染和破坏导致整个海岛的生态链条断裂、生态失衡。

（三）海岛生态安全

生态安全又称为环境安全、绿色安全，其直接含义是指生态环境没有遭受重大的破坏、污染，也没有面临此种危险和威胁。生态安全是国家安全的重要组成部分。1987 年，世界环境与发展委员会在《我们共同的未来》中明确提出："安全的定义必须扩展，超出对国家主权的政治和军事威胁，而要包括环境恶化和发展条件遭到的破坏。"我国于 2000 年发布《全国生态环境保护纲要》，该纲要要求"维护国家生态环境安全"。

狭义上，海洋生态系统安全是指海洋生态系统处于未遭受重大破坏、污染，也没有遭受严重破坏、污染之危险和威胁的状态。但是基于人类与生态、人类与海洋之间的关系，更宜从广义上解释海洋生态系统安全，即它不仅指生态系统自身处于没有遭受严重破坏、不受威胁的状态，而且指生态系统始终处于对人类没有危害和威胁的状态，能够正常地为人类提供各项服务。

海岛生态安全是指海岛生态系统未遭受人类活动带来的重大破坏、污染，以及处于这些危险之中，海岛生态结构和功能能够维持海岛自身的健康状态并能持续为人类提供各项服务。

海岛生态系统能够始终维持其自身的健康和安全，这自然是对人类有利的理想状态。然而，由于人类活动或自然本身的原因，海岛生态系统难以避免会出现健康受到损害甚至不安全的现象。因此，为了保障海岛生态系统的服务功能得以持续、正常发挥，人类对海岛生态系统进行适当修复是完全必要的。

（四）海岛生态修复

海岛生态修复是指通过筑堤、补砂、疏浚等人工手段，建设海岛生态景观、建设海岛配套基础设施，实现海岛生态环境的改善，维护海岛的生态安全。海岛修复的主要对象是岛体、海岸线、沙滩、植被、淡水和周边海域等，包括形态恢复、基础设施改善和各种人文、自然景观的维护等内容。①

我国海岛开发历史悠久，但是自古以来都是以渔业和农业为主，基本保持着原生态的海岛环境。随着海洋时代的到来，海岛的政治、军事、经济作用越来越凸显，海岛开发利用的规模越来越大。由于海岛生态脆弱，环境承载力低，人类粗放的开发活动对海岛的生态影响非常大，海岛生态修复难度也很大。千万年来，海岛均以自然原生的状态存在于世，海岛本身的陆地有限，多数海岛面积狭窄，易受地震、台风的影响，对于经济的作用有限，更多的是对政治和军事、科研和生态安全的意义。在"金山、银山不如绿水青山"生态发展理念的指导下，必须以生态海岛建设为目标，保护海岛生态，修复海岛，构筑海岛的生态安全屏障。

二、我国海岛生态修复的立法

《中华人民共和国海洋环境保护法》是海洋生态环境保护的基本法，具有综合法性质。第三十三条规定，国务院和沿海地方各级人民政府应当采取有效措施，重点保护红树林、珊瑚礁、海藻场、海草床、滨海湿地、海岛、海湾、入海河口、重要渔业水域等具有典型性、代表性的海洋生态系统，珍稀濒危海洋生物的天然集中分布区，具有重要经济价值的海洋生物生存区域及有重大科学文化价值的海洋自然遗迹和自然景观。第三十八条规定，开发海岛及周围海域的资源，应当采取严格的生态保护措施，不得造成海岛地

---

① 吴珊珊，刘智训.关于海岛生态整治修复及保护项目的思考和建议[J].海洋开发与管理，2013，30（4）：9–12.

形、岸滩、植被和海岛周围海域生态环境的损害。第四十二条规定，对遭到破坏的具有重要生态、经济、社会价值的海洋生态系统，应当进行修复。这是该法关于海岛生态保护和生态修复的基本法律依据。

在《中华人民共和国海岛保护法》颁布之前，我国的海岛保护工作主要是依据《中华人民共和国海洋环境保护法》和《中华人民共和国海域使用管理法》以及原国家海洋局关于海洋保护与管理方面的政策、法规；在土地、矿产和渔业等涉海法律中，也有海岛保护和管理的内容；地方层面主要是沿海省市出台的一些政策和措施。2010 年实施的《中华人民共和国海岛保护法》作为一部综合性的海岛保护及管理法律，其实施标志着我国海岛保护和管理具有了专门的法律规制，开创了海岛保护和管理新格局。

《中华人民共和国海岛保护法》第二十一条规定，国家安排海岛保护专项资金，用于海岛的保护生态修复和科学研究活动。第二十五条规定，在有居民海岛"进行工程建设造成生态破坏的，应当负责修复；无力修复的，由县级以上人民政府责令停业建设，并可以指定有关部门组织修复，修复费用由造成生态破坏的单位、个人承担"。对于无居民海岛和特殊用途海岛的保护，本法规定，从事开发利用活动，应当采取严格的生态保护措施或实行特别保护。

《中华人民共和国海岛保护法》实施之后，国务院出台了一些和海岛生态修复有关的法规，原国家海洋局和沿海省市出台了配套的政策、制度和标准，以保障该法的贯彻落实。例如，2010 年，原国家海洋局发布了《关于开展海域海岛海岸带整治修复保护工作的若干意见》，该意见对编写海域海岛海岸带整治修复保护规划、制订海域海岛海岸带整治修复保护计划、海域海岛海岸带整治修复保护项目的管理、编制海域海岛海岸带整治修复保护项目实施方案、海域海岛海岸带整治修复保护项目的经费保障以及海域海岛海岸带整治修复保护项目的检查验收六个方面做出了要求，具有较强的可执行性和可操作性，有力保障了海域海岛海岸带生态修复。

三、我国海岛生态修复的实践

1988 年，我国开展首次全国海岛资源综合调查，但是海洋生态修复工作开展较晚，2010 年，我国的海洋生态保护修复工作才正式启动。2010 年 5 月 18 日，财政部经济建设司和原国家海洋局财务司联合印发《关于组织申报 2010 年度中央分成海域使用金支出项目的通知》(财建便函〔2010〕83 号)，该通知指出通过"中央分成海域使用金"支持沿海地方实施海洋生态修复项目。为落实《中华人民共和国海岛保护法》第二十一条"国家安排海岛保护专项资金，用于海岛的保护、生态修复和科学研究活动"的规定，我国海岛生态修复工作蓬勃开展，具体内容和成果见表 7-1。

表 7-1　2012—2023 年海岛生态修复的内容和成果

年份	内容	成果
2012—2014 年	"地方实施海岛生态修复示范与领海基点保护试点项目"，由中央设立海岛保护专项资金支援	截至 2023 年，中央下拨的海洋生态保护修复资金超过 200 亿元，用于支持全国范围内的海洋生态保护修复工作，包括沿海地方海岛生态修复等项目。全国累计修复岸线 260 千米、沙滩超过 1 200 公顷、整治修复海岛超过 60 个。实施海岛生态修复，效果显著：①植被恢复：植被生态系统得到恢复和改善，增强了海岛的生态功能和生物多样性。②水质提升：对海岛周边海域进行清淤等整治，减少了海水的污染物质，改善了海水水质。③岸线稳定：开展岸线整治工程，修复受损岸线，加固海岸防护设施，有效抵御了海浪、风暴潮等海洋灾害的侵蚀，保护了海岛的陆地面积和生态环境，保障了海岛居民的生命财产安全和生产生活。④基础设施完善：修建了海岛码头、桥梁等交通设施，改善了海岛的交通条件；建设了输水管道、海水淡化设施、山塘水库等水利设施，以及铺设海底电缆等电力设施，解决了海岛居民的用水用电问题；建立了垃圾处理厂（站）、污水处理厂（站）等环保设施，减少环境污染。⑤生态旅游发展：生态修复后的海岛，景观更加优美，生态环境更加宜人，促进了海岛生态旅游的发展。⑥科研价值提高：部分海岛建设了生态保护实验基地等科研设施，为海洋生态科学研究提供了重要的平台。⑦海洋权益维护：加强了我国对海岛的管理和控制，维护了国家的海洋权益和领土完整
2015 年	海岛保护专项资金与中央分成海域使用金合并成为"中央海岛和海域保护资金"，支援开展"海岛生态修复示范项目"	
2016 年	中央财政对沿海城市开展给予奖补支持，统筹开展"蓝色海湾整治行动"	
2017 年	中央财政对沿海城市开展给予奖补支持，统筹支持地方实施"蓝色海湾""南红北柳""生态岛礁"等重大修复工程	
2018 年	国务院机构改革明确海岛生态修复的统筹负责部门，全力推进和保障海岛生态修复	
2019 年	浙江省台州市白沙湾滨海湿地生态修复、广西壮族自治区"蓝色海湾"子项目、福建省和海南省利用中央支持资金的生态修复项目	
2020 年	福建省泉州市和广西壮族自治区北海市、钦州市"蓝色海湾综合整治项目"、浙江省宁波市北仑区海洋生态修复项目	
2021 年	广东省湛江市、浙江省台州市玉环红树林修复项目，福建省泉州市、山东省威海市岸线修复项目，江苏省南通市海洋湿地修复项目	
2022 年	江苏省盐城市、南通市以及广东省湛江和广西壮族自治区防城港市海洋生态修复项目	
2023 年	河北省沧州市、秦皇岛市以及山东省威海市海洋生态修复项目，广东省汕头市南澳岛海岸带生态与减灾修复项目	

各级海洋土管部门围绕合理开发利用、维护海岛生态安全的命题，开展了海岛岛体景观修复与建设、生态岛礁工程建设和海洋保护区建设等一系列

建设、修复项目。根据项目内容不同，海岛生态修复实践主要包括以下几个方面。

一是海岛生态景观修复。通过海岛岛体修复、种植植被、整治岸线、修整沙滩与海岸、拆除养殖池和废旧设施进行海岛生态景观修复。例如，具有重要生态旅游价值的辽宁省锦州市大笔架山岛，河北省唐山市菩提岛，浙江省舟山岛、福建省厦门市鼓浪屿、平潭岛等岛屿的生态修复。

二是海岛基础设施建设。通过整治码头、桥梁、护岸、防浪堤、输水管道、海水淡化设施、垃圾处理厂（站）、污水处理厂（站）工程，修建环保厕所，地质灾害防治工程等修复措施，加强海岛基础设施建设，改变海岛无序、无度开发利用造成的脏、乱、差的情况，打造宜居、宜游海岛。例如，辽宁省大连市獐子岛、山东省烟台市长岛、江苏省秦山岛、浙江省洞头岛和广东省南澳岛等岛屿的生态修复。

三是基于生态安全的生态保护区建设。对于生态十分脆弱或者生态环境特殊、一旦破坏不可再生的无居民海岛、领海基点所在海岛，划定生态红线，建立自然保护区特别加以保护。为了保护具有重要生态、科研价值的海洋资源，国家首批设立了 5 个自然保护区。建立海洋生态自然保护区是保护、修复具有重要价值的海洋生态的重要手段。

海岛生态修复实践，促进了我国海岛开发利用方式从传统的"粗放型、破坏型、掠夺型"逐步向"集约型、保护型、赋予型"转变，促进了海岛生态系统的良性回圈和人海关系的和谐。①

四、我国海岛生态修复的制度建议

（一）强化生态修复规划和计划制度

相较于广袤的内地，狭小海岛的生态系统可谓"精致"，更具整体性。不同海域的海岛，生态系统结构和功能大不相同。有的海岛砂石遍地，人迹

---

① 张志卫，刘志军，刘建辉. 我国海洋生态保护修复的关键问题和攻坚方向 [J]. 海洋开发与管理，2018，35（10）：26-30.

罕至；有的海岛树木葱茏，鸟语花香；有的海岛淡水缺乏，生态贫瘠；有的海岛降水丰沛，水源充足；有的海岛为珊瑚岛礁，生物资源十分丰富；有的岛礁历史文化遗迹众多。不同海岛的生态表现不同，生态地位不同，生态损害方式和受损程度不同，因此对它们进行生态修复的内容也不同。根据不同海岛的实际情况，做好生态修复规划和计划，是开展生态修复的前提。

根据《关于开展海域海岛海岸带整治修复保护工作的若干意见》的规定，县级（或市级）海洋主管部门应当编写本地区《海域海岛海岸带整治修复保护规划建议》。海岛生态修复规划要结合本岛的生态地位和生态修复的目的制定。生态修复一般基于以下目的：①维护国防安全，尤其针对领海基点所在岛而言，这是首要目的；②改善海岛生产生活环境，改善基础设施，关注民生，这主要是针对较大的有人类定居的岛屿，这是主要目的；③恢复优美的自然景观和文化景观，这是重要目的。应开展海岛生态本底调查，掌握海岛的开发利用情况和存在的生态问题。在此基础上，编制具有针对性的各类型海岛的空间规划图、景观规划图、保护和利用规划图或控制性空间规划图。[①]要在规划图中对修复项目的位置、类型、内容、规模、措施和要达到的目标做出明确的说明。

（二）实施严格的过程管理和监督检查制度

严格的过程管理和监督检查是能够切实按照规划、计划方案、前期技术论证报告、环评报告等开展海岛生态修复并实现修复效果的有力的过程保障手段。目前的海岛开发利用中仍存在海岛基础数据不完整、数据不真实、透明度不够等问题。如果有制度但保障监管不到位，那么在生态修复过程中就很难按照生态修复方案的内容实施。另外，海岛生态环境客观上存在大风、大浪、潮汐的自然力作用，会影响生态修复的实际效果。比如，在一些沙滩修复中采用补沙的方式，但是由于海浪、潮汐的作用、海水的流动和难以提前很久预测的台风和风暴潮，补的沙可能会被冲进大海或者被风卷走，实际

---

① 刘大海，欧阳慧敏，刘志军.关于建立"岛长制"的探索研究 [J].海洋开发与管理，2018，35（2）：22-27.

补沙效果大打折扣；由于极端天气和客观环境的影响，修复的绿植也可能难以成活。即使按照修复方案采取了措施，但是如果缺乏经常性巡查，实际修复的数量和质量也是难以核实的。因此，监督修复单位除了遵循现有的管理规定，按照修复计划和技术方案开展修复工作，还应当增加巡查次数，实行全过程的跟踪、记录管理，确保实际的修复效果，确保国家财政资金落到实处，产生实在的海岛生态效益。

（三）推行"岛长制"

我国已经实际开展的"河长制""湖长制""湾长制"，都反映出出于对某种自然环境要素保护、提高生态环境质量的需要的一种责任制要求，由各级地方行政负责人对该环境要素的保护情况和质量情况负责，要作为政绩的内容纳入考核当中。

中共中央办公厅、国务院办公厅于 2016 年 12 月印发了《关于全面推行河长制的意见》，于 2018 年 1 月印发了《关于在湖泊实施湖长制的指导意见》，并发出通知，要求各地区各部门结合实际认真贯彻落实；原国家海洋局于 2017 年 9 月印发了《关于开展"湾长制"试点工作的指导意见》，要求全面推动"湾长制"试点的各项工作。"岛长制"虽然在一些地方已实际开展，但是尚未有国家层面的明确规定，即在立法层面欠缺明确的制度性规定。

"河长制""湖长制""湾长制"的相关法规中均明确了对生态质量负责的行政长官职责中有"生态修复"的要求。比如，要求积极有序推进生态恶化河流、湖泊的保护与修复，加快实施退田还湖还湿、退渔还湖，逐步恢复河湖水系的自然连通；加强河湖水生生物保护，增殖放流，提高水生生物多样性；进行生态岸线、绿化带、河湖湿地公园和水生生物保护区建设；加强海洋生态保护与修复，强化海洋保护区、海洋生态红线区管控，实施"蓝色海湾""南红北柳""生态岛礁"等整治修复工程。比照"河长制""湖长制""湾长制"的生态修复职责的规定，"岛长制"也应有对生态修复职责进行规定的必要性、合理性，"岛长制"是海岛生态修复工作能够全面和有效开展的保障。

与广袤的陆地生态系统不同，海岛生态系统的形成具有高度的耦合性和有机统一性、综合性、整体性，各环境要素之间相互依存、相互制约。因此，应遵循海岛生态系统的自然规律，对海岛空间统筹管控、统一规划、整体保护和系统修复。设立一个能对海岛生态的方方面面负责的"岛长"，对于监管整个海洋生态修复以及全过程的生态文明绩效考核和责任追究制度体系具有重要作用。

"河长制""湖长制"分别设立四级负责人制。由于海岛不像河流和湖泊那样具有流动性和跨区域性，所以不宜设立多级负责人制，以两级负责人制为宜，即海岛所在的县、乡两级行政负责人担任两级岛长，作为第一责任人对海岛生态修复工作负总责，同时可以再任命或者聘任"副岛长"（非行政职务，不负责行政事务，仅对生态保护负责）。这样可以节省行政资源，也使管理直接到位。"岛长"对海岛生态保护工作应当全面负责，对于生态修复负责的内容应当包括组织编制生态修复规划、计划，牵头组织实施污染物清理、基础设施建设、海岛景观整治、自然岸线修复、生物多样性恢复等；负责组织日常巡查，做到全过程的监管；积极推进生态保护补偿机制，完善生态绩效考核体系；协调因生态修复产生的和海岛周边区域以及跨区域利益冲突问题；等等。总之，通过这种责任人负责制由"岛长"引领生态修复，全面推进环境优美、生态安全海岛建设。

（四）引入公众参与制度

1.公众参与的概念

公众参与是指对可能影响公众利益的决策、项目、执法等活动应当在活动开展前或者过程中，在实施者发布信息，保证公众知情权的前提下，允许、鼓励利害关系人甚至是一般的社会公众通过发表意见、阐述利益要求等方式参与进来，以提高决策和执法的公正性、合理性的一系列制度和机制。

2.海岛生态修复公众参与的必要性

海岛保护中突出的问题是海岛开发利用产生的经济利益需求与保护海岛生态环境、维护海岛生态安全的需求之间的矛盾，无论是海岛开发利用的制度设计，还是海岛生态保护的制度设计都必须审慎考虑，以平衡不同用岛主体的不同利益需求。多数海岛的面积狭小，凡是生活在海岛上的居民要么是因为历史传统世代居住于此，习惯了海岛的生产、生活包括生态环境；要么是由于开发利用海洋的利益需求自主选择居住海岛，以便利用海洋资源，如一些由大陆来海岛的渔民。也就是说，无论从生存的历史传统还是利益的现实需要，这些海岛居民是不能也不会轻易离开海岛而移居他处的。无论是海岛开发利用还是生态保护措施都与海岛居民的关系最为密切，他们最敏感，参与开发与保护的热情也最高。因此，在海岛生态修复中必须引入公众参与制度。对于无居民岛，其生态修复执法人力物力资源有限，单纯依靠政府监督、检查的成本过高且效果有限，也需要引入公众参与制度。公众可建言献策并监督修复过程，核验修复结果。

3. 公众参与的保障机制

引入公众参与，形成政府与公众的互动，是保障海岛生态修复能够公平开展并取得实效的良策。公众参与的前提是参与生态修复的政府、部门和相关单位必须及时、公开、客观地发布与公众利益相关的不涉及保密范围的生态修复信息，这是义务性要求。在此前提下，具体从以下几个方面保障公众参与。

（1）增强公众参与意识。参与公益的行为源于公益的动机，公益的动机源于公益的意识。那么，增强公众的海岛生态修复意识则是促进其实际参与生态修复活动的源头。有关部门要加强海岛生态保护的公众宣传教育，可以通过网络、公众号、宣传墙报、宣传册等形式宣传海岛生态破坏和生态修复对比的案例，让公众切身感受到海岛生态修复与自身利益的关联，产生参与热情。

（2）建立公众参与渠道。无论公众通过口头、拨打热线电话、邮寄信件以及互联网提交举报等何种方式参与监督，有关部门都要及时、妥善处理，并保护好监督人的个人信息；政府可以通过召开公众会、听证会保障公众参与；要保障公众（非个人）参与公益诉讼的权利。

（3）建设公众参与队伍。一是由岛民担任海岛民间岛长，赋予其监督职责，定期巡护，在民间岛长的带领下，利用公众的力量搜集海岛生态资源信息、监督生态修复。二是由地方政府主导，建立专门的民间海岛监督队伍。由具有奉献精神、大局意识、生态安全意识，以及具有一定的文化素养和相关法律法规知识的人员组成。海岛执法中可以由专家学者、环保团体、热心群众共同构成监督队伍。

通过以上措施发挥民间力量的作用，可以增强其"主人翁"的参与感和责任心，无形中也督促他们审视自身的不良行为，减少自身损害海岛生态环境的可能。

参考文献

[1] 蔡守秋.基于生态文明的法理学 [M].北京：中国法制出版社，2014.

[2] 蔡守秋.生态文明建设的法律和制度 [M].北京：中国法制出版社，2017.

[3] 蔡守秋.调整论：对主流法理学的反思与补充 [M].北京：高等教育出版社，2003.

[4] 蔡守秋.环境资源法学教程 [M].武汉：武汉大学出版社，2000.

[5] 陈海嵩.解释论视角下的环境法研究 [M].北京：法律出版社，2016.

[6] 党晶晶.黄土丘陵区生态修复的生态－经济－社会协调发展评价 [M].北京：科学出版社，2016.

[7] 党小虎.黄土丘陵区生态恢复的生态经济过程及效应评价 [M].北京：中国环境科学出版社，2012.

[8] 钭晓东.论环境法功能之进化 [M].北京：科学出版社，2008.

[9] 杜健勋.环境利益分配法理研究 [M].北京：中国环境出版社，2013.

[10] 方如康.环境学词典 [M].北京：科学出版社，2003.

[11] 胡安水.生态价值概论 [M].北京：人民出版社，2013.

[12] 江家栋，曹海宁，阮智刚.中外海洋法律与政策比较研究 [M].北京：中国人民公安大学出版社，2014.

[13] 江山.制度文明 [M].北京：中国政法大学出版社，2005.

[14] 金瑞林.环境法学 [M].4 版.北京：北京大学出版社，2016.

[15] 靳利华.生态文明视域下的制度路径研究 [M].北京：社会科学文献出版社，2014.

[16] 李洪远.环境生态学 [M].北京：化学工业出版社，2012.

[17] 李林，莫纪宏，等.中国法律制度 [M].北京：中国社会科学出版社，2014.

[18] 李嵩誉.无居民海岛立法的生态保护优先与制度设计 [M].北京：经济科学出版社，2016.

[19] 刘岩，郑苗壮，朱璇，等.世界海洋生态环境保护现状与发展趋势研究 [M].北京：海洋出版社，2017.

[20] 卢洪友，等.外国环境公共治理：理论、制度与模式 [M].北京：中国社会科学出版社，2014.

[21] 吕忠梅.环境法 [M].北京：法律出版社，1997.

[22] 马英杰.海洋环境保护法概论 [M].北京：海洋出版社，2012.

[23] 宁清同.海洋环境资源法学 [M].北京：法律出版社，2017.

[24] 孙书存，包维楷.恢复生态学 [M].北京：化学工业出版社，2005.

[25] 田其云，等.我国海洋生态恢复法律制度研究 [M].北京：中国政法大学出版社，2011.

[26] 田启波.生态正义研究 [M].北京：中国社会科学出版社，2016.

[27] 汪劲.环境法律的解释：问题与方法 [M].北京：人民法院出版社，2006.

[28] 汪劲.环境法学 [M].北京：北京大学出版社，2006.

[29] 王冠玺.中国滨海地区法律问题研究 [M].杭州：浙江大学出版社，2016.

[30] 吴贤静."生态人"：环境法上的人之形象 [M].北京：中国人民大学出版社，2014.

[31] 夏光，李丽平，高颖楠.国外生态环境保护经验与启示 [M].北京：社会科学文献出版社，2017.

[32] 向俊杰.我国生态文明建设的协同治理体系研究 [M].北京：中国社会科学出版社，2016.

[33] 徐祥民，李冰强，等．渤海管理法的体制问题研究 [M]．北京：人民出版社，2011．

[34] 徐祥民，田其云，等．环境权：环境法学的基础研究 [M]．北京：北京大学出版社，2004．

[35] 杨京平．生态安全的系统分析 [M]．北京：化学工业出版社，2002．

[36] 尤联元，杨景春．中国地貌 [M]．北京：科学出版社，2013．

[37] 张景明．和谐理念下环境法律关系研究 [M]．北京：知识产权出版社，2015．

[38] 张耀光．中国海洋经济地理学 [M]．南京：东南大学出版社，2015．

[39] 周珂．环境法学研究 [M]．北京：中国人民大学出版社，2008．

[40] 竺效．生态损害的社会化填补法理研究 [M]．北京：中国政法大学出版社，2007．

[41] 艾晓燕，徐广军．基于生态恢复与生态修复及其相关概念的分析 [J]．黑龙江水利科技，2010，38（3）：45-46．

[42] 蔡先凤，郑佳宇．论海洋生态损害的鉴定评估及赔偿范围 [J]．宁波大学学报（人文科学版），2016，29（5）：105-114．

[43] 柴召阳，何培民．我国海洋富营养化趋势与生态修复策略 [J]．科学，2013，65（4）：48-52，63，4．

[44] 常纪文，裴晓桃．外部不经济性环境行为的法律责任调整 [J]．益阳师专学报，2001（4）：30-34．

[45] 陈骁，赵新生，李妍．江苏海州湾海岛与岸线资源修复及整治途径研究 [J]．海洋开发与管理，2015，32（12）：53-56．

[46] 陈瑶．我国生态修复的现状及国外生态修复的启示 [J]．生态经济，2016，32（10）：183-188，192．

[47] 崔建远．关于恢复原状、返还财产的辨析 [J]．当代法学，2005（1）：63-74．

[48] 冯一帆．生态修复法律责任实现主体研究 [J]．中原工学院学报，2018，29

（5）：96-99，104.

[49] 高雁，高桂林.环境公益诉讼原告资格的扩展与限制 [J].河北法学，2011，29（3）：153-160.

[50] 何建华.罗尔斯分配正义思想探析 [J].中共浙江省委党校学报，2005（5）：31-36.

[51] 侯西勇，张华，李东，等.渤海围填海发展趋势、环境与生态影响及政策建议 [J].生态学报，2018，38（9）：3311-3319.

[52] 胡卫.民法中恢复原状的生态化表达与调适 [J].政法论丛，2017（3）：51-59.

[53] 黄杰，索安宁，孙家文，等.中国大规模围填海造地的驱动机制及需求预测模型 [J].大连海事大学学报（社会科学版），2016，15（2）：13-18.

[54] 黄俊，郭冬梅.生态修复法律制度探析 [J].江西理工大学学报，2016，37（6）：23-27.

[55] 黄锡生，史玉成.中国环境法律体系的架构与完善 [J].当代法学，2014，28（1）：120-128.

[56] 蒋兰香.生态修复的刑事判决样态研究 [J].政治与法律，2018（5）：134-147.

[57] 金雪涛.环境资源认知产权的调整与负外部性内部化 [J].生产力研究，2007（23）：18-19，28.

[58] 康京涛.生态修复责任：一种新型的环境责任形式 [J].青海社会科学，2017（4）：49-56.

[59] 李奇伟，李爱年.论利益衡平视域下生态补偿规则的法律形塑 [J].大连理工大学学报（社会科学版），2014，35（3）：91-95.

[60] 李巍.基于生态安全的海岛保护法律制度完善 [J].延边党校学报，2018，34（5）：61-64.

[61] 李挚萍.环境修复的司法裁量 [J].中国地质大学学报（社会科学版），2014，14（4）：20-27，139.

[62] 李挚萍.环境修复法律制度探析 [J].法学评论，2013，31（2）：103-109.

[63] 李挚萍.生态环境修复责任法律性质辨析 [J].中国地质大学学报（社会科学版），2018，18（2）：48-59.

[64] 刘超.环境修复审视下我国环境法律责任形式之利弊检讨：基于条文解析与判例研读 [J].地质大学学报（社会科学版），2016，16（2）：1-13.

[65] 刘大海，欧阳慧敏，刘志军.关于建立"岛长制"的探索研究 [J].海洋开发与管理，2018，35（2）：22-27.

[66] 刘慧，苏纪兰.基于生态系统的海洋管理理论与实践 [J].地球科学进展，2014，29（2）：275-284.

[67] 刘鹏.论生态修复的环境法属性 [J].政法学刊，2016，33（2）：114-119.

[68] 刘奇，张金池，孟苗婧.中央环境保护督察制度探析 [J].环境保护，2018，46（1）：50-53.

[69] 谢伟.德国环境团体诉讼制度的发展及其启示 [J].法学评论，2013，31（2）：110-115.

[70] 刘伟，刘百桥.我国围填海现状、问题及调控对策 [J].广州环境科学，2008，23（2）：26-30.

[71] 罗施福，柯佳丽.论生态修复协议模式：样态、价值与迷思 [J].政法学刊，2019，36（1）：62-69.

[72] 吕忠梅，窦海阳.修复生态环境责任的实证解析 [J].法学研究，2017，39（3）：125-142.

[73] 吕忠梅."生态环境损害赔偿"的法律辨析 [J].法学论坛，2017，32（3）：5-13.

[74] 吕忠梅.环境侵权的遗传与变异：论环境侵害的制度演进 [J].吉林大学社会科学学报，2010，50（1）：124-131.

[75] 吕忠梅.中国生态法治建设的路线图 [J].中国社会科学，2013（5）：17-22.

[76] 马腾.我国环境公益诉讼制度完善研究：对常州毒地案一审判决的法理思

考 [J]. 中国政法大学学报，2017（4）：49-67，159.

[77] 盘志凤，潘伟斌 . 论构建我国环境修复法规体系的必要性与原则 [J]. 环境保护科学，2007（3）：58-60，87.

[78] 钱春泰，裴沛 . 美国海洋管理体制及对中国的启示 [J]. 美国问题研究，2015（2）：1-21，198.

[79] 任洪涛，敬冰 . 我国生态修复法律责任主体研究 [J]. 理论研究，2016（4）：53-59，70.

[80] 沈佳纹，彭本荣，王嘉晟，等 . 海域基准价格评估：厦门案例研究 [J]. 海洋通报，2018，37（6）：676-684.

[81] 孙湫词，谭勇华，李家彪 . 新时代我国海岛的生态保护和开发利用 [J]. 海洋开发与管理，2018，35（8）：22-27.

[82] 唐璨 . 行政督察是我国行政监督的重要新方式：以土地督察和环保督察为例 [J]. 安徽行政学院学报，2010，1（4）：105-109.

[83] 田其云 . 海洋渔业资源恢复法律制度的生态学基础 [J]. 海洋科学，2011，35（4）：89-93，99.

[84] 童之伟 . 法律关系的内容重估和概念重整 [J]. 中国法学，1999（6）：24-32.

[85] 王斌 . 日本的海洋生态监测和保护 [J]. 海洋信息，2002（2）：21-22.

[86] 王灿发 . 论生态文明建设法律保障体系的构建 [J]. 中国法学，2014（3）：34-53.

[87] 王慧，陈刚 . 跨国海域海洋环境陆源污染防治的国际性法律框架 [J]. 浙江海洋学院学报（人文科学版），2011，28（6）：25-29.

[88] 王江，黄锡生 . 我国生态环境恢复立法析要 [J]. 法律科学（西北政法大学学报），2011，29（3）：193-200.

[89] 王立新，黄剑，廖宏娟 . 环境资源案件中恢复原状的责任方式 [J]. 人民司法，2015（9）：9-13.

[90] 王丽荣，于红兵，李翠田，等 . 海洋生态系统修复研究进展 [J]. 应用海洋

学学报，2018，37（3）：435-446.

[91] 王明远 . 论我国环境公益诉讼的发展方向：基于行政权与司法权关系理论的分析 [J]. 中国法学，2016（1）：49-68.

[92] 吴鹏 . 论生态修复的基本内涵及其制度完善 [J]. 东北大学学报（社会科学版），2016，18（6）：628-632.

[93] 吴鹏 . 浅析生态修复的法律定义 [J]. 环境与可持续发展，2011，36（3）：63-66.

[94] 吴鹏 . 生态修复法律责任之偏见与新识 [J]. 中国政法大学学报，2017（1）：108-116.

[95] 吴鹏 . 最高法院司法解释对生态修复制度的误解与矫正 [J]. 中国地质大学学报（社会科学版），2015，15（4）：46-52.

[96] 吴珊珊，刘智训 . 关于海岛生态整治修复及保护项目的思考和建议 [J]. 海洋开发与管理，2013，30（4）：9-12.

[97] 向华 . 公共信托原则下的我国环境权制度研究 [J]. 商业时代，2012（16）：105-106.

[98] 向芸芸，陈培雄，张鹤，等 . 基于陆海统筹的我国围填海管理 [J]. 海洋开发与管理，2018，35（6）：56-61.

[99] 肖文文 . 中韩海洋环境保护法律制度对比及启示 [J]. 法制与社会，2011（11）：29-30.

[100] 徐祥民，邓一峰 . 环境侵权与环境侵害：兼论环境法的使命 [J]. 法学论坛，2006（2）：9-16.

[101] 徐祥民 . 极限与分配：再论环境法的本位 [J]. 中国人口·资源与环境，2003（4）：23-26.

[102] 徐祥民 . 现代国际海洋法的实质及其给我们的启示 [J]. 中国海洋大学学报（社会科学版），2003（4）：34-39.

[103] 许灿英 . 环境修复主体制度探析 [J]. 哈尔滨学院学报，2017，38（12）：63-66.

[104] 阳平坚，贾峰.美国超级基金法的今生与前世 [J]. 中国生态文明，2019（1）：53-56.

[105] 杨妍，黄德林.论海洋环境的协同监管 [J]. 东华理工大学学报（社会科学版），2013，32（4）：454-458.

[106] 易崇燕.我国污染场地生态修复法律责任主体研究 [J]. 学习论坛，2014，30（7）：77-80.

[107] 于文轩.美国水污染损害评估法制及其借鉴 [J]. 中国政法大学学报，2017（1）：117-131.

[108] 俞仙炯，崔旺来，邓云成，等.海岛生态保护红线制度建构初探 [J]. 海洋湖沼通报，2017（6）：115-121.

[109] 张艾妮.渔业公共信托原则在美国的发展及其对中国的借鉴 [J]. 时代法学，2013，11（5）：104-110.

[110] 张相君.西北太平洋区域海洋环境保护法律制度的构建 [J]. 大连海事大学学报（社会科学版），2011，10（3）：71-75，84.

[111] 张志卫，刘志军，刘建辉.我国海洋生态保护修复的关键问题和攻坚方向 [J]. 海洋开发与管理，2018，35（10）：26-30.

[112] 朱丽.关于生态恢复与生态修复的几点思考 [J]. 阴山学刊（自然科学版），2007（1）：71-73.

[113] 庄孔造，余兴光，朱嘉.国内外海岛生态修复研究综述及启示 [J]. 海洋开发与管理，2010，27（11）：29-35.

[114] 庄玉乙，胡蓉，游宇.环保督察与地方环保部门的组织调适和扩权：以 H 省 S 县为例 [J]. 公共行政评论，2019，12（2）：5-22，193.

[115] 柴宁.我国生态环境修复基金法律制度研究 [D]. 郑州：郑州大学，2017.

[116] 黄润源.生态补偿法律制度研究 [D]. 上海：华东政法大学，2009.

[117] 刘丹.海洋生物资源国际保护研究 [D]. 上海：复旦大学，2011.

[118] 唐启迪.资源枯竭型城市可持续发展法治研究 [D]. 湘潭：湘潭大学，2016.

[119] 田其云 . 海洋生态法体系研究 [D]. 青岛：中国海洋大学，2006.

[120] 王冬银 . 城市化进程中耕地保护经济补偿模式研究 [D]. 重庆：西南大学，2013.

[121] 严思林 . 我国生态修复主体探析 [D]. 桂林：广西师范大学，2015.

[122] 张百灵 . 正外部性理论与我国环境法新发展 [D]. 武汉：武汉大学，2011.